DIANDONG QICHE CHONGHUANDIAN SHESHI
JIANSHE YU YUNWEI PEIXUN JIAOCAI

电动汽车充换电设施
建设与运维培训教材

国网吉林省电力有限公司　组编

易荣庆　主编

中国电力出版社
CHINA ELECTRIC POWER PRESS

图书在版编目（CIP）数据

电动汽车充换电设施建设与运维培训教材 / 国网吉林省电力有限公司组编；易荣庆主编. —北京：中国电力出版社，2023.11
ISBN 978-7-5198-8058-3

Ⅰ.①电… Ⅱ.①国…②易… Ⅲ.①电动汽车–充电–基础设施建设–运营管理–中国–技术培训–教材 Ⅳ.①U469.72②TM910.6

中国国家版本馆 CIP 数据核字（2023）第 165903 号

出版发行：中国电力出版社
地　　址：北京市东城区北京站西街 19 号（邮政编码 100005）
网　　址：http://www.cepp.sgcc.com.cn
责任编辑：雍志娟
责任校对：黄　蓓　王海南
装帧设计：郝晓燕
责任印制：石　雷

印　　刷：三河市航远印刷有限公司
版　　次：2023 年 11 月第一版
印　　次：2023 年 11 月北京第一次印刷
开　　本：710 毫米×1000 毫米　16 开本
印　　张：15
字　　数：259 千字
印　　数：0001—1000 册
定　　价：75.00 元

编 委 会

主　　任：刘耀伟
副 主 任：温建军
委　　员：高　岩　李宏亮　宋嘉鹏　黄　铭
　　　　　李　楠　齐占宇　杨　沛　王丽超
　　　　　周　琳　庄　园　周　博

编 写 组

主　　编：易荣庆
副 主 编：高　岩　宁学玲　常学飞　兰海涛
　　　　　翟　宁　王志煜
编写成员：庄　园　李旺洋　郭　琪　罗晓乐
　　　　　王之鑫　索　娜　杨付艳　宋嘉鹏
　　　　　尚　聪　李雨泽　孙铭爽　耿　妍
　　　　　魏嘉伸　沈冠冶　张　凯

前　言

在我国"双碳"战略的驱动下，电动汽车及充换电设施建设迎来前所未有的发展态势，《国家发展改革委等部门关于进一步提升电动汽车充电基础设施服务保障能力的实施意见》明确到"十四五"末，我国电动汽车充电保障能力进一步提升，形成适度超前、布局均衡、智能高效的充电基础设施体系，能够满足超过 2000 万辆电动汽车充电需求。面对快速的发展需求，相关从事电动汽车充换电设施领域的服务人员缺乏相应的专业知识。针对此种情况，特编写此书。

本书共包含八章，针对电动汽车及充换电设施产业发展概述、充换电设施及应用场景、针对充换电设施建设、充换电设施的运行与维护、充电业务（车联网）线上操作、充换电设施典型运营场景、居民充电设施的建设及方案探索、充换电设施建设服务典型问题等内容进行详细阐述，以指导相关人员开展工作，以期为推动电动汽车充换电设施建设业务发展提供助力。

本书在编写的过程中参阅了国内外电动汽车充换电设施建设方面的论文、专著、相关标准和资料，并引用了部分内容，在此对相关作者表示感谢！

由于编写时间仓促，且受笔者能力限制，书中难免存在不足之处，欢迎读者批评指正。

易荣庆

2023 年 10 月

目　录

第一章

电动汽车及充换电设施产业发展概述

第一节　电动汽车的概念与分类

一、电动汽车的概念

与传统燃油汽车相比，新能源汽车最大的区别在于动力来源不同。美国在《能源政策法令》中首次对新能源汽车进行了定义，称其为"代用燃料汽车"，并解释"代用燃料"的范围，包括生物燃料、天然气、氢气、电和丙烷。日本将新能源汽车定义为低污染汽车，包括电动汽车、混合动力汽车、甲醇燃料汽车和清洁汽油汽车。在我国，新能源汽车被定义为采用新型动力系统，部分或全部依赖新能源的汽车。电动汽车是新能源汽车技术路线中的一种，目前国内的新能源汽车主要指电动汽车，因此，本书中用电动汽车代指新能源汽车。

二、电动汽车的分类

当今市场上电动汽车主要包括纯电动汽车、混合动力汽车和燃料电池汽车。

1. 纯电动汽车

纯电动汽车的动力主要由蓄电池组提供，由电动机替代发动机，驱动车辆。其蓄电池的电力主要通过从电网中充电或者换电取得。其具有能量利用率高、零排放、运行成本低的特点，但这种新动力和无排放对汽车本身的技术和电池能量密度都有着较高的要求，目前的技术水平下，纯电动汽车面临最大的问题是续航里程短和电池成本高。

2. 混合动力汽车

混合动力汽车又称"混动汽车"，泛指油电混合动力汽车。其动力系统介于纯电动汽车和传统燃油汽车之间，由传统的内燃机和电动机为动力驱动。市场

上的混合动力汽车主要有插电式混合动力和非插电式混合动力，前者可以通过外部电源设备为车载电池充电，而后者则无需充电接口，完全由车辆本身的内部电池供电。这种混合动力系统不仅油耗低、污染少，还可以利用混动模式增加车辆的续航里程，近年来越来越受到消费者的欢迎。

3. 燃料电池汽车

燃料电池汽车是利用燃料电池作为动力源的电动汽车，目前采用的氢燃料电池是通过氢气和氧气在催化剂的作用下产生化学反应并释放电能的原理来提供动力。这种动力系统效率高、零排放、续航里程长，但氢气的生产和加工成本较高，导致总体的成本居高不下。目前大多数国家的新能源汽车研发以电动汽车和插电式混合动力为主。

第二节　电动汽车发展史及现状

一、电动汽车产业全球发展史及现状

1. 电动汽车产业全球发展史

（1）早期探索阶段（1879—1920 年）：在这个时期，电动汽车最早出现在欧洲，法国的米兰出现了第一辆有轨电车，英国的斯特拉特福德出现了第一辆电动车。然而，由于当时电池技术和充电设施的限制，这些车辆并没有得到广泛应用。

（2）实验发展阶段（1920—1950 年）：在这个时期，电动汽车开始得到实验性的发展。1921 年，美国的比沃顿车队展示了第一辆实用电动车，它使用一台45kW 的电动机驱动，行驶了 16 英里。此外，美国的科学家开始研究电池的性能和充电技术，这为后来的电动汽车技术奠定了基础。

（3）商业化发展阶段（1950—1970 年）：在这个时期，电动汽车开始进入商业化阶段。1950 年，美国通用汽车公司推出了第一款量产电动车——凯迪拉克Lycoming EV1，这款车使用一台 90kW 的电动机驱动，续航里程为 40 英里。这一时期，电动汽车的技术得到了进一步发展，包括电池技术、充电设施和驱动系统的改进。

（4）蓬勃发展阶段（1970 年至今）：在这个时期，电动汽车产业得到了迅速发展。一方面，随着石油资源的减少和环境保护意识的提高，传统燃油车的使用受到了限制，电动汽车成为替代能源的首选。另一方面，电动汽车技术的不断进步也提高了其性能和经济性，使其逐渐成为市场上的主流。

目前，电动汽车已经成为全球汽车产业的发展趋势，各国政府也相继出台了相关政策来推动电动汽车的发展。全球著名的汽车厂商如特斯拉、宝马、大众、丰田、本田、日产、福特等都在加快电动汽车的研发和推广。总体来看，电动汽车产业已经进入了一个快速发展的阶段，未来的发展前景非常广阔。

2. 电动汽车产业全球发展现状

目前，越来越多的国家和汽车制造商投入到电动汽车的研发和生产中，全球电动汽车市场正在快速增长，尤其是在欧洲和中国等地区。电动汽车产业全球发展呈以下特点：

（1）市场规模不断扩大：全球电动汽车销量以及市场占有量逐年上升。其中，欧洲成为电动汽车市场的领头羊，其市场份额超过了中国和美国。

（2）政策和法规的推动：许多国家和地区推出了各种政策和法规来鼓励电动汽车的发展。例如，挪威已经计划在 2025 年禁止销售燃油车，欧盟也设定了目标，要到 2030 年前实现电动汽车销售占比达到 30%。

（3）汽车制造商的加入：近年来越来越多的传统汽车制造商开始加入电动汽车市场，并计划在未来几年推出更多的电动车型。这些传统汽车制造商看到了电动汽车市场的潜力，并希望通过推出更多的电动车型来提高其在该市场的份额。

一些传统汽车制造商已经开始采取措施，以加快电动汽车的开发和推广。例如，通用汽车推出了全新的电动汽车平台，并计划在未来几年内推出多款电动汽车；宝马推出了 e.UP！电动车品牌，以扩大其电动汽车市场份额；大众推出了更多的电动轿车和 SUV，以迎合消费者对高端电动汽车的需求；丰田和本田也在加快电动汽车的研发和推广，以满足消费者对环保、高效、安全的需求。传统汽车制造商加入电动汽车市场的趋势不可避免，这将加速电动汽车市场的发展和竞争，推动电动汽车技术的不断进步，同时也将为消费者提供更多更好的选择。

（4）技术的创新：随着电动汽车技术的不断发展，电池技术和充电技术也在不断创新。一些新兴的电动汽车公司正在尝试新的电池技术和充电技术，以提高电动汽车的性能和便利性。

例如，特斯拉推出了全新的电池技术，采用了能量密度更高、寿命更长的电池，使得电动汽车的续航里程得到了大幅提高。此外，特斯拉还推出了超级充电技术，能够在短时间内为电动汽车充电，大大提高了充电的便利性。

此外，一些新兴的电动汽车公司也在研究新的充电技术，例如无线充电技术和超级充电技术。无线充电技术可以让电动汽车在无需插接座的情况下进行充电，使得充电更加方便快捷；而超级充电技术可以在较短的时间内为电动汽车充电，提高了充电的效率和便利性。随着电动汽车技术的不断发展，电池技术和充电技术也在不断创新。一些新兴的电动汽车公司正在不断尝试新的电池技术和充电技术，以提高电动汽车的性能和便利性。这些创新将为消费者提供更好的选择，并推动电动汽车产业的快速发展。

（5）充电基础设施的建设：充电基础设施的建设也在不断加强，越来越多的充电站投入使用。此外，许多国家也在加大对充电基础设施建设的投入，以缓解电动汽车充电不便的问题。

总体来说，电动汽车产业的未来前景非常广阔，随着技术的不断创新和政策的不断推动，电动汽车的市场份额将会不断增长。

二、我国电动汽车产业发展史及现状

1. 我国电动汽车产业发展史

我国在电动汽车领域的研究探索始于 20 世纪 60～70 年代，系统研发始于"九五"时期，比美国、日本、欧盟至少晚了 20 年，但在这近 10 年的发展中，得益于国家"863 计划"持续、有序、系统的研发支持，我国电动汽车产业取得了快速发展。不仅攻克了一系列关键技术，也有自主研发的电动汽车产品实现小批量进入市场，并在部分领域实现了与国外同步发展，国内电动汽车行业的发展大致经历了三个历史阶段。

第一阶段，从 20 世纪 60 年代到 21 世纪初的萌芽阶段。这一时期，我国并没有系统地支持电动汽车技术研发，国内各汽车企业集团也没有将电动汽车作为研发投入的重要方面。我国的汽车制造商几乎没有推出过一款完整的电动汽车产品。但在同期，国外主要汽车企业研发生产的电动汽车已经超过 100 款，其中纯电动车型已投入商业化生产 10 余款。与之对比，我国电动汽车的发展至少落后发达国家 20 年。不过好消息是，自"八五"计划电动汽车被列入国家科技攻关计划以来，"九五"计划期间，我国政府已经意识到发展电动汽车的重要性，正式将其列入国家科技攻关重点工程项目，这也为电动汽车进一步发展奠定基础。

第二阶段，21 世纪初到 21 世纪 10 年代的研发培育阶段。该时期的划分是

以两个标志性事件为起点的。首先，2001 年 9 月，科学技术部组织召开了"十五"国家高技术研究发展计划（863 计划）"电动汽车重大科技专项"可行性研究论证会，会议通过了专项可行性研究报告，标志着电动汽车专项正式启动，这是我国第一次系统支持电动汽车的研发。其次，2007 年 11 月，《新能源汽车生产准入管理条例》正式实施，该条例的实施为电动汽车在我国正式销售铺平了道路。"在此期间，我国电动汽车取得了一系列重要技术突破，三款电动汽车分别完成了功能样机、性能样机和产品样机的试制；以幸福使者微型轿车为基础开发的纯电动轿车实现了小批量生产和出口；纯电动汽车的几个品牌纯电动客车、混合动力客车、混合动力轿车已在北京、武汉等城市进行小规模示范运行，部分自主研发的混合动力轿车已基本具备商业化条件。这一时期，我国电动汽车产业取得了重要研发进展，缩小了与发达国家的差距，为电动汽车产业的形成奠定了坚实的基础。

第三阶段，《新能源汽车生产准入管理规则》正式实施以来的产业培育阶段。这一时期，随着"863 计划"取得成果的陆续产业化，我国汽车制造企业的电动汽车整车产品开发能力大幅提升，一批具有自主品牌的混合动力轿车产品获国家发改委汽车新产品公告批准，长安汽车、奇瑞汽车和比亚迪汽车的自主创新混合动力轿车上市销售。同时，通过先期在北京、天津、武汉、深圳等 7 个城市及国家电网公司开展了电动汽车小规模示范运行考核，在北京奥运会期间，我国成功地实现了 595 辆自主研发电动汽车的集中、高强度商业化示范运行，表明国内电动汽车行业已具备形成产业的能力。

目前，我国电动汽车行业已建立起较为合理的行业创新体系，取得了动力系统技术平台构建、关键零部件和新技术开发、整车产品上市、示范运行等多方面的突破，已基本形成了未来产业发展的雏形，在国家产业政策和财政补贴政策的支持下，即将迎来规模发展阶段。

2. 我国电动汽车产业发展现状

我国电动汽车产业在过去几年发展迅速，现已成为全球最大的电动汽车市场之一。以下是我国电动汽车产业发展现状的一些关键点：

（1）政策支持：政府一直致力于推广电动汽车，通过一系列的政策和补贴措施，鼓励消费者购买电动汽车，并支持电动汽车制造商的研发和生产。此外，政府还积极推动电动汽车制造商的研发和生产。政府支持建设充电设施，为电动汽车提供更好的使用环境。同时，政府也帮助电动汽车制造商进行技术研发和改进，提高电动汽车的性能和品质。

（2）市场规模：我国电动汽车市场已经成为全球最大的市场之一，国内新能源汽车销售总量逐年递增。随着电动汽车技术的不断发展，国内外企业纷纷进入该市场，加大了研发和生产力度，竞争也日趋激烈。未来，随着政策支持和市场需求的不断增加，中国的电动汽车市场将会继续保持快速增长的态势，成为全球最大的电动汽车市场。

（3）产业布局：我国电动汽车产业的整体布局正在逐渐完善。一些国内的大型汽车制造商，如比亚迪、长城汽车等公司，已成为世界领先的电动汽车生产商之一。这些公司通过不断加大研发投入，提高自身的技术水平和产品品质，不断拓展市场份额，取得了显著的成果。例如，比亚迪推出了多款电动汽车产品，包括纯电动汽车、混合动力汽车等，深受消费者欢迎；长城汽车则致力于研发新能源汽车的核心技术，推出了一系列高品质的电动汽车，包括 SUV、MPV 等多个系列，广受市场青睐。

同时，国内外的投资者也逐渐意识到了电动汽车产业的潜力，开始加大对该领域的投资。这些投资包括建设充电设施、提供贷款支持等，为电动汽车产业的发展提供了有力的支持。

（4）技术进步：我国电动汽车产业在技术创新方面也取得了不少成就。特别是在电池技术方面，国内的一些公司已经成为世界领先的电池制造商之一，比如宁德时代、比亚迪等。他们投资于研发新的电池材料和生产技术，使得电池性能和寿命得到了极大的提高。同时，他们也开始研究新的充电技术，如无线充电技术和超级充电技术，以提高充电的效率和便利性。

（5）环保意识：政府和消费者对环保意识的提高，对电动汽车市场的发展起到了很大的推动作用。越来越多的消费者意识到电动汽车的环保优势，这也为电动汽车的普及提供了更好的市场环境。

总的来说，国内电动汽车产业在政策支持、市场规模、产业布局、技术进步和环保意识方面都取得了很大的进展，根据中汽协和公安部数据，2022 年我国新能源汽车产销分别完成 705.8 万辆和 688.7 万辆，同比分别增长 96.9% 和 93.4%，渗透率达到 33.8%，随着政策支持和市场需求的不断增加，我国电动汽车产业将会继续保持快速增长的态势，为推动全球电动汽车市场的发展做出贡献。

三、国家电网公司电动汽车产业发展史及现状

1. 国家电网公司电动汽车产业发展史

2017 年夏季达沃斯论坛上，国家电网公司提出"目前，全球 25% 以上的终

端能源消耗都在交通领域。电动汽车产业是新能源发展乃至能源革命的重要内容。"

国家电网公司以推动能源转型升级为己任，致力于开放、智能、互动、高效的充电网络和车联网平台建设，为智能交通、智慧城市建设贡献力量。国家电网公司在推进电动汽车业务发展总共分为三个阶段，见图 1－2－1。

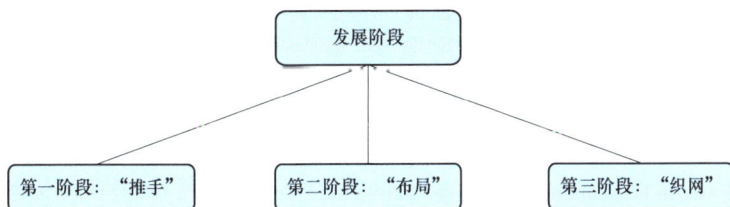

图 1－2－1　国家电网公司电动汽车产业发展史

（1）第一阶段："推手"，推动电动汽车驶入发展快车道。

发展新能源汽车是应对能源危机和环境危机的良策，也是汽车产业发展的必然选择，位列我国七大战略性新兴产业之一。2009 年至今，国务院及相关部委先后出台了多项专门针对电动汽车发展的扶持政策，激励并引导电动汽车和充电设施的推广应用，内容涉及发展目标、示范推广、财政补贴、税收减免等方面。政府部门期待，新能源汽车能解除传统能源短缺和环境污染的羁绊，更希望其把握战略机遇，推动中国汽车产业转型升级，培育出新的经济增长点和国际竞争优势。

国家电网公司充分发挥大型骨干型央企的带头表率作用，促进清洁能源发展和电能替代，推动电动汽车产业发展，实现能源结构转型升级。公司科学规划充电设施网络，加快充电基础设施建设，成立国网电动汽车服务有限公司，实施电动汽车充电业务专业化管理，并建设智慧车联网平台，让电动汽车用户通过互联网享受 O2O 充电服务。这是国家电网公司落实国家能源战略、大气污染防治和节能减排政策，支撑国家战略性新兴产业发展的具体实践，也是开拓业务新领域，培育新效益增长点的重大举措。

国家电网公司服务电动汽车产业发展，构建"互联网＋"绿色出行专业服务体系，树立"绿色出行、e享服务"品牌。作为国内最智能便捷的充电服务手机客户端，"e充电"的服务用户数占国内 60 万乘用车保有量的 50%。国家电网公司建成国内首个新能源汽车专业购车网站"e车城"，上线三个月以来累计成交量达 4429 笔；推出智慧出行服务"e约车"，先后在北京、上海、天津、南京等

30 个地市成立了 30 余家销售体验中心与加盟服务商实体店，为用户打造全环节标准化定制汽车服务。

国家电网公司先后与北汽、福田、比亚迪、腾势、吉利、东风日产等多家车企合作，探索特许经销、大客户团购等经销模式。国家电网公司还努力推进"油改电"工程，与地方政府、大型企事业单位合作，在上海等重点城市试点开展电动汽车租赁服务；实现充电设施的监控、统计和分析，为产业发展、财税补贴、市场监管提供支撑；因地制宜探索最优商业模式，建立并复制推广买车、租车、修车产业链，积极拓展外部市场，深挖内部需求。

为全面连接"人与公共服务"。国家电网公司创新打造电动汽车分时租赁模式，将绿色发展理念贯穿始终，参与、培育、引领电动汽车服务新业态。"e 约车"电动汽车分时租赁业务借助物联网技术服务短途出行需求，满足多人高效率共用，降低私人使用电动汽车的成本和机动车保有量，实现绿色低碳出行，是解决城市拥堵、尾气污染难题的良方。国家电网公司同时还研发"e 约车"手机客户端，该功能可以实现租车预约、一键还车、租车费用支付等功能，用户可使用 GPS 寻车、鸣笛提示、开关车门等自助服务。

国家电网公司还不断拓展增值服务，为政府提供充电设施行业监管手段，支撑政府科学高效决策；研发充电设施政府公共管理平台，提供统计分析、设施规划、市场监管、财政补贴等公共管理服务。公司还主动承担天津、浙江、江西、福建等地方政府充电设施管理信息平台建设，服务当地电动汽车充电设施产业发展，并为上下游企业提供代运营、代运维服务，为汽车企业提供充电信息服务和广告服务，为电动汽车用户提供保险、救援服务，全方位支撑电动汽车产业发展，推动电动汽车驶入发展快车道。

（2）第二阶段："布局"，构建智能高效充电网络。

电动汽车的迅猛发展对配套服务提出更高要求，国家电网公司在社会层面承担普遍服务责任，为经营区域内全部电动汽车用户提供便利的充电服务，是公司的使命与责任。

思深方益远，谋定而后动。做好规划引领和顶层设计是国家电网公司布局电动汽车充电网络的第一步棋。公司从电动汽车产业和公司发展实际出发，以市场需求为导向，加大公共快充网络建设力度，兼顾社会专用充电设施发展需要。

在公共充电设施领域，国家电网公司坚持全国一张网，26 家省公司整体规划、全面布局，结合电动汽车用户出行及生活消费习惯，优化公共充电设施选址，并通过建立充电设施物联网，提高充电服务的便捷性与可靠性。国家电网公司以京津冀鲁、长三角等国家电动汽车发展示范城市为重点，加快城市和高速公路公共快充站建设，全面服务公交、环卫、物流、出租车、私人乘用车各类车型。针对用户专用充电设施建设，公司结合电动汽车用户实际需求合理配套建设，形成电网公司与社会资本共同参与的多元化发展局面。

2006 年以来，国家电网公司累计投资 228.7 亿元，建成充换电站 5526 座、充电桩 4.4 万个。目前，国家电网公司经营区域公共充电桩中由社会资本建设的占 68.8%，公司建设的占 31.2%。自放开充换电设施市场后，公司将建设重点转向投资需求大、回收慢，发展任务又紧迫的高速公路快充网，建成充电站 1240 座、充电桩 4960 个，"六纵六横两环"高速公路快充网络覆盖高速公路 1.6 万 km、121 个城市，充电设施从城市扩大到城际，实现电动汽车跨省出行。2017 年年内，国家电网公司将建成"九纵九横两环"高速公路快充网络，进一步满足电动汽车用户跨城际出行需求。国家电网公司支持社会充电设施建设，加强配套电网建设，累计投资 50.6 亿元，送电 5.97 万户、接电容量 126.5 万 kW，完成北京、上海等 18 个城市 602 个小区的 1 万个车位改造任务。

如今，国家电网公司正为建设开放、智能、互动、高效的充电服务网络继续努力前行。国家电网公司以开放为发展理念，以充电服务为核心，开放运营渠道，通过充电平台打造共建、共享、共赢的电动汽车生态圈，实现平台各利益相关方价值提升。

国家电网公司引入智能化和自动化技术，利用"智慧心"融合充电桩及车载一体化控制，实时监测配电网负荷，减少弃风、弃水、弃光电量。针对"互联网＋"对充电网络互动性提出的更高要求，国家电网公司增强电动汽车用户黏性，实现电能消费和电能生产互动，促进电动汽车与电网协调可持续发展，并实现故障快速抢修、服务快速响应。国家电网公司实现充电桩、资金和人才等资源高效利用，在最短时间、用最便捷的方式为客户提供高质量服务，并通过能源调配，促进高比例消纳清洁能源，优化电网运行效率。公司加强与新能源车企的信息共享和服务互通，打通车桩一体化服务，推动充电服务从被动服务向主动服务、智能服务转型升级。

（3）第三阶段："织网"车、桩、网互联互通。

继互联网、物联网之后，车联网成为未来智能城市的重要标志。国家电网公司在布局开放、智能、互动、高效的充电服务网络之后，开始向车与路、车与人、车与车、车与城市的互通互联方向努力。

随着我国电动汽车产业发展的不同阶段，国家电网公司充电设施运营管理也经历了分散站控、省级监控、互动服务和全国统一智慧车联网平台四个发展阶段。2009 年，国家启动电动汽车推广应用示范工程，公司建设充换电站站级监控系统，全方位监控整站运行情况。2011 年，国家电网公司研发电动汽车智能充换电服务网络运营监控系统，在 24 个省（市）电力公司部署省级系统，总部系统实现 24 个省级运营监控系统的数据接入。2014 年，公司选取北京、上海、杭州、合肥开展智能互动服务平台试点建设与应用，探索充换电服务互联网化发展。

2015 年 11 月 30 日，国家电网公司创新"互联网＋"充电服务，按照"一级部署、多级应用"的系统架构，研发上线集充换电设施监控、信息服务、资费结算、车辆服务等功能于一体的智慧车联网平台。2016 年底，智慧车联网平台 3.0 上线运行，公司通过云部署构建基础支撑平台，建成易充电服务平台、易充电网站，"e 充电""巡检""e 约车"等手机客户端和微信公众号 6 大门户，实现资源监控、业务运营、充电服务、租赁服务和增值服务 5 大功能。

实现简单的车辆互联不难，打造一个智能、完整的车辆互联生态系统却并非易事。国家电网公司全方位发力，在标准方面，发布 IEC 国际标准 3 项，实现我国在电动汽车国际标准领域零的突破，建立具有自主知识产权、技术领先的中国充换电设施标准体系，累计完成国家标准 22 项、行业标准 27 项、企标 61 项，与美国标准、欧洲标准、日本标准并列成为世界充换电设施 4 大标准体系；规范引领车桩兼容，组织开展车桩充电互操作性和一致性检测，实现车桩充电接口互联互通；率先落实新国标改造，启动国家电网公司 4.4 万个充电桩的新国标改造，提高车辆与充电桩的适配性；建成充换电设施实验验证中心，获得多个国际权威检测机构授权资质，成为国际电工委员会授权的电动汽车充电设备认证实验室。

在技术方面，国家电网公司有机融合桩联网、车联网和智能电网，构建多网融合的基础云平台，实现充电采集多样化、充电调度实时化，平台接入能力超 80 万个，可同时服务数 300 万人以上；探索电动汽车与电网的智能柔性互动，建立市场化充电模型，利用分时电价和服务费激励，智能引导用户充电行为，实现一定范围的用电负荷削峰填谷和清洁能源消纳，平台上线以来累计充电电量中约 20%是低谷时段充电，总计充电电量近 7000 万 kWh；创新开发计费控制单元，通过统一充电界面和支付手段，实现统一的充电业务流程。

在客户服务方面，国家电网公司以互动网站和手机客户端为交互途径，实

现充电桩位置服务、实时状态查询、设施导航、统一支付卡、无卡充电，提高充电设施使用效率和用户体验；在运营管理方面，将用户、营业厅、客户服务中心、省公司运维检修单位紧密联系在一起，实现营业厅售卡、电话客服、充电设施监控、现场运维检修等全业务流程的自动化贯通和实时管控总的来说，国家电网公司在电动汽车产业发展史上扮演了积极的角色，通过不断的技术创新和市场拓展，为国内电动汽车产业的发展做出了重要的贡献。

2. 国家电网公司电动汽车产业发展现状

在国企改革三年行动中，国家电网公司大力开展电动汽车科技体制改革，激发创新活力。2021 年 12 月，公司成立科技委员会，统筹推进科技创新。强化多元化研发投入机制，推动科研强度逐年提高，大力实施高端人才和青年人才托举工程，提供专项研发经费支持。公司先后实施两批揭榜挂帅项目，进一步增强了团队的创新积极性。

国家电网公司瞄准电动汽车未来产业发展方向，大力推进产学研协同，与高校、科研院所进行联合研发。公司与南瑞集团、华为公司、北京理工大学等合作，共同组建产学研科研攻关团队，持续推动大功率充电、直流母线充电等高端技术装备突破，启动新一代充电技术登高行动。

目前，国网电网公司承担国家级、省部级电动汽车科技创新项目 70 余项，科技成果实现多点开花——"高效协同充换电技术及设备"立项充换电领域的国家重点研发计划。牵头和参与国重项目 3 项，申请发明专利 146 项，登记计算机软件著作权 72 项，形成了一批拥有自主知识产权的创新成果。

未来正在到来，一座座智慧之城、绿色之城将加速崛起。国家电网公司将一如既往砥砺前行，进一步打造共建共享共赢的云服务平台，实现"比加油更方便"的充电服务。积极开发大数据智慧、拓展智能服务，在加快创新与电网互动的基础上，多充绿色电，为促进节能减排和大气污染防治，为建设智能交通、智慧城市贡献力量。

第三节　充换电设施发展史及现状

一、充换电设施的概念

充换电设施是指为电动汽车提供电能的相关设施的总称，一般包括充电站、电池更换站、电池配送中心、集中或分散布置的交流充电桩等。充换电设施的作用是为电动汽车提供便利的充电服务，以降低电动汽车的使用成本，提高其使用效率和便利性。充换电设施的建设可以促进电动汽车的普及和发展，同时也可以推动电力系统向清洁能源转型。其中，充电桩运营商按商业模式分为运营商主导模式、车企主导模式、第三方充电服务平台主导模式三种。

运营商主导模式：充电桩运营主要由运营商负责建设和运营，充电服务费用由运营商自行定价或与车企协商确定。这种模式下，运营商拥有充电桩的所有权和管理权，可以自主制定收费标准，并通过收取充电服务费用获得收益。

车企主导模式：充电桩运营主要由车企负责建设和运营，充电服务费用由车企自行定价或与运营商协商确定。这种模式下，车企拥有充电桩的所有权和管理权，可以自主制定收费标准，并通过收取充电服务费用获得收益。

第三方充电服务平台主导模式：充电桩运营主要由第三方充电服务平台负责建设和运营，充电服务费用由第三方充电服务平台自行定价或与车企协商确定。这种模式下，第三方充电服务平台拥有充电桩的所有权和管理权，可以自主制定收费标准，并通过收取充电服务费用获得收益。

二、全球充换电设施发展史及现状

全球充换电设施的发展可以追溯到 20 世纪 80 年代，当时美国开始推广电动汽车，并开始建设第一批充电站。随着电动汽车技术的发展和推广，全球充换电设施的建设也逐渐加速。以下是充换电设施的发展历程及现状。

1. 全球充换电设施发展史

早期发展：这一阶段充换电设施主要是为了满足早期电动汽车的需求而建立的。最初的充电设施大多是私人拥有的家庭充电站和公司充电站，大型公共充电站较少。在这个时期，充换电设施的发展主要集中在北美和欧洲。

加速发展：这一阶段全球充换电设施的建设开始加速。政府和私营公司开始共同投资充电站，以满足日益增长的电动汽车数量。同时，随着技术的发展，充电时间和充电速度也逐渐提高，使得电动汽车的使用更加便利。在这个时期，中国也开始投资建设充电站，并成为全球最大的充电设施市场之一。

现代发展：充换电设施已经成为一项重要的基础设施建设。政府和私营公司继续投资建设充电站，以满足不断增长的电动汽车数量。同时，充电技术也在不断改进和创新，包括无线充电、高功率快充等，以提高电动汽车的使用便利性和充电效率。在这个时期，充电设施的分布也更加广泛，覆盖了更多的城市和地区。

2. 全球充换电设施发展现状

目前，全球充换电设施的发展呈现出以下特点：

（1）市场规模逐渐扩大：随着电动汽车数量的不断增加，全球充换电设施市场规模也在不断扩大。预计到 2030 年，全球电动汽车数量将达到 1.25 亿辆以上，充电设施数量也将随之大幅增加。

（2）技术不断创新：随着技术的不断发展，充电设施的技术也在不断创新。目前，高功率快充和无线充电等技术已经开始商用。欧洲能源公司推出了超级充电桩，可以在 30min 内为电动汽车充电 250km 以上的里程。这些技术的出现不仅可以更快地充电，还可以减少充电时间和成本，提高电动汽车的使用效率和便利性。

（3）政府支持力度加强：越来越多的国家和地区开始制定和实施相关政策以促进电动汽车和充电设施的发展。政府对充电设施建设的资金支持和税收优惠等措施，是促进充电设施建设和普及的重要因素之一。此外，各国政府也通过制定相关法律法规和标准规范，来规范充电设施的建设和运营，保障充电设施的安全和质量。

（4）充电设施智能化：随着人工智能技术的不断发展，充电设施也开始智能化。例如，一些充电设施可以通过智能化系统实现自动充电、计费等功能，同时也可以通过大数据分析来优化充电站的运营和管理。此外，一些充电设施还可以通过人脸识别等技术来提高用户使用的便利性和安全性。总之，充电设施的智能化是未来发展的趋势，可以提高设施的使用效率和服务质量，同时也可以为用户带来更好的使用体验。

总的来说，全球充换电设施的发展取得了显著提升，但仍面临一些挑战和问题，如设施分布不平衡、充电时间过长等。未来，随着技术和政策的不断发展，相信充换电设施的建设和普及将会进一步加速。

三、国内充换电设施发展史及现状

1. 国内充换电设施发展史

（1）从无到有的萌芽阶段（2006—2014 年）：

2006 年，比亚迪在深圳总部建成深圳首个电动汽车充电站，这是我国首个充电站。

2008 年，北京市奥运会期间建设了国内第一个集中式充电站，可满足 50 辆纯电动大巴车的动力电池充电需求。

2009 年 10 月，上海市电力公司投资建成上海漕溪电动汽车充电站，是国内第一座具有商业运营功能的电动汽车充电站。2009 年底，北京首科集团在健翔桥建设完成了国内第一个包含完整智能微网的北京纯电动乘用车示范充电站。

2010 年 3 月 31 日，国家电网公司唐山南湖充电站建成投运，是我国首座国家电网典型设计充电站，可同时为 10 台电动汽车按快充和慢充两种方式进行充电作业。

这个阶段主要是以集中式的充电站建设为主，主要满足的是企业的大规模电动用车和区域性电动用车的需求。但因为在国内充换电行业的起步阶段，进入市场的企业很少，也无法从国外的充换电行业找到合适的参考发展模式，运营模式处于不稳定状态，2012 年后，国家电网和南方电网提出了"电池替代"为主的发展模式，确定了"以换电为主，插充电为辅，集中充电，统一配电"的运营模式。

2012 年 6 月 28 日，国务院印发的《节能与新能源汽车产业发展规划（2012—2020 年）》中，提到了因地制宜建设慢充桩和公共快速换电设施。随后国家电网公司提出，按照主导快充、兼顾慢充、引导换电、经济实用的原则，优化充换电服务网络规划和布局，这在一定程度上确立了充电模式的发展方向，为充电桩行业下一个阶段的到来做好了铺垫！

（2）从有到管理的发展阶段（2014—2019 年）：

这一阶段是我国新能源汽车的一个发展核心阶段。2014 年新能源汽车销量 7.48 万辆，实现了 324.79% 的同比增长，2015 年，新能源汽车销量突破 10 万辆，销售 33.11 万辆，连续来两年实现 300% 以上的同比增长。随着新能源汽车销量不断上升，还有新能源激励政策的出台，充换电发展也进入了一个重要阶段。整体的使用场景，由原来的集中式、区域性充电站，变成了重点区域与区域间的长短途连接作为主要场景。

2014 年 5 月，国家电网公司全面开放分布式发电并网工程，以及慢充、快充等各类电动汽车充换电设施市场，重点发展电动汽车直流快充领域，进一步放开交流慢充市场，引入社会资金和力量参与慢充设施建设。

2015 年 10 月，我国发布了《电动汽车充电基础设施发展指南（2015—2020 年）》，提出了未来 5 年的发展规划目标，推动了充换电行业的迅速发展。

充换电行业的快速发展暴露出政策和规则不完善，充电桩落地后的实际效果差等缺点。同时，随着充电桩和需求者的增多，充电桩和充电相应服务不互通，难对接问题突出。

2015—2019 年间，《电动汽车充电接口和通信协议五项新的国家标准》《电动汽车充换电服务信息交换》等一系列标准发布，促进了充换电行业更加规范的管理。

（3）从管理到完善的爆发阶段（2020—2035 年）：

经过前两个阶段的发展，充换电行业已经初步的形成了完整的供应链格局。

2020 年，国家把"充电桩建设"纳入了新基建的一部分，从政策层面推动了充电桩发展建设。同时，新能源汽车销量不断攀升。2021 年为贯彻国务院常务会议部署，商务部等 12 部门联合印发《关于提振大宗消费重点消费促进释放农村消费潜力若干措施的通知》，提到改善汽车使用条件，加强停车场、充电桩等设施建设，鼓励充电桩运营企业适当下调充电服务费等信息。推动充换电设施由重点区域的覆盖到区域与区域间的联通到全面覆盖。

国家《新能源汽车产业发展规划（2021—2035 年）》提出要推动电动化与网联化智能化技术深度融合，推进标准对接和数据共享。

2. 国内充换电设施发展现状

在全球电动汽车发展的越来越好的背景下，我国电动汽车的产销量、渗透率以及动力电池车辆普及率都在高速增长。电动汽车销售量与保有量迅速增长，充电需求快速增长，同时充电桩产业支撑政策不断推出，政府补贴从补车转向补桩，从建设补贴拓展到运营补贴，推动新能源充电桩行业加速发展。

2022 年 5 月，《国家发展改革委等部门关于进一步提升电动汽车充电基础设施服务保障能力的实施意见》明确到"十四五"末，我国电动汽车充电保障能力进一步提升，形成适度超前、布局均衡、智能高效的充电基础设施体系，能够满足超过 2000 万辆电动汽车充电需求。

近年来我国充电桩保有量增长较快。2022 年 1—12 月，充电基础设施增量为 259.3 万台，其中公共充电桩增量同比上涨 91.6%，随车配建私人充电桩增量持续上升，同比上升 225.5%。截至 2022 年 12 月，全国充电基础设施累计数量为 521.0 万台，同比增加 99.1%。2022 年公共充电站增量为 3.7 万座，保有量为 11.1 万座。全国充电电量主要集中在广东、江苏、四川、浙江、河北、福建、上海、陕西、湖南、北京等省市，电量流向以公交车和乘用车为主，环卫物流车、出租车等其他类型车辆占比较小。2022 年 12 月全国充电总电量约 21.4 亿 kWh，较上月增加 1.5 亿 kWh，同比增长 82.8%，环比增长 7.6%。2022 年 1—12 月全国充电总电量为 213.2 亿 kWh。

目前我国正处于充电站基础设施建设的高峰期，相关企业持续涌入，其中设备零部件生产商（装备端）和充电桩运营商（运营端）是充电桩产业链最主要的环节。充电桩运营商按商业模式分为运营商主导模式、车企主导模式、第三方充电服务平台主导模式三种，运营商主导模式运营管理效率高，为现阶段市场主要运营模式，公共充电桩运营商集中度较高。

3. 国内充换设施发展前景趋势

国内充换电设施的发展前景趋势看起来非常积极。以下是一些可能会对该领域产生影响的趋势和因素：

（1）政策支持：政府一直致力于促进电动汽车和充换电设施的发展。例如，政府推出了多项补贴和减税政策，以鼓励企业和个人购买和使用电动汽车。政府还鼓励企业投资充换电设施的建设，并提供相应的支持和奖励。

（2）市场需求：随着国内经济的快速增长和城市化进程的加速，越来越多的人开始意识到环保和健康的重要性特别是在一些大城市，由于交通拥堵、空气污染等问题日益严重，电动汽车的需求量逐年攀升。同时，政府也在积极推动电动汽车的普及和充换电设施的建设，以降低环境污染和缓解能源压力。这些因素共同促进了电动汽车和充换电设施市场的快速发展。

（3）技术进步：随着技术的进步，充换电设施的效率和安全性不断提高，这也使得更多人愿意购买和使用电动汽车。充电设施的智能化和互联网连接也为用户提供了更加便利和高效的服务，同时也提高了设施的使用效率和服务质量。

（4）竞争加剧：由于市场的快速增长，充换电设施领域的竞争也越来越激烈。这将促使企业不断提高自己的产品和服务质量，以满足消费者的需求。随着市场竞争的加剧，企业需要提高自身的研发能力和创新能力，不断推出符合市场需求的新产品和服务，以保持竞争优势。

（5）国际合作：政府已经与多个国家和地区签署了关于电动汽车和充换电设施的合作协议。这些合作将促进技术和经验的交流，进一步推动国内充换电设施的发展。

总之，随着政策的支持、市场的需求、技术的进步、竞争的加剧和国际合作的推动，国内充换电设施的发展前景非常乐观。

第二章

充换电设施及应用场景

第一节　充换电基础知识

电动汽车的充换电设施是为电动汽车提供能量补给的设施，根据补充能量时车辆与电池是否分离，分为充电设施和换电设施两类。按照充电设备与车辆的连接方式不同，将充电设施分为传导式充电设施、无线充电设施和移动充电设施三类。其中，传导式充电设施根据充电电源的性质不同，可进一步分为交流充电设施和直流充电设施。

1. 交流充电设施

使用家用电源或专用的充电桩电源对车载的便携式设备进行直连充电，又称车载充电。充电电流是交流电，电流较小，充电时间需要几个小时。这种充电模式下，可以对电池进行深度充电，提高电池充放效率，延长电池的寿命。由于充电时间较长，对于充电时限要求不高的用户，可以选择在电价低谷时段进行充电，降低充电成本，见图2-1-1。

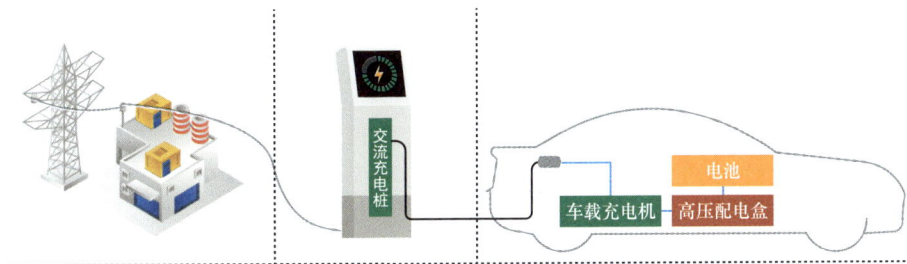

图2-1-1　交流充电原理示意图

2. 直流充电设施

通过非车载充电机采用大功率电流对车辆电池进行直接充电，其充电示意图如图 2-1-2 所示，使电池在短时间内充至 80% 左右的电量。其充电速度非常快，接近传统燃油汽车加燃油的速度，这种方式的最大优点是充电时间短，但由于快速充电的电流电压较高，短时间内对电池的冲击较大，容易使电池的活性物质脱落和电池发热，因此对电池的保护散热方面要求较高，充电设备安装要求和成本也较高。

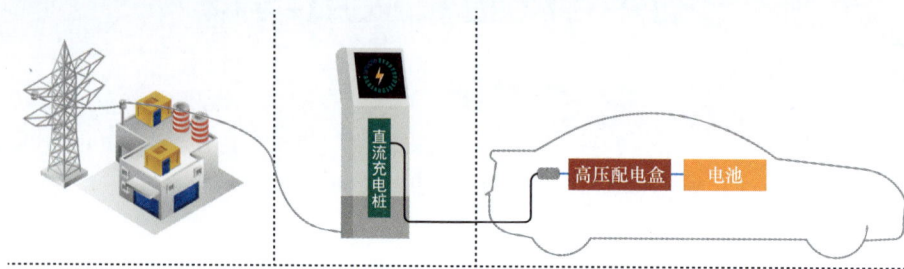

图 2-1-2 直流充电原理示意图

交流充电装置和直流充电装置的区别在于，交流充电桩需要借助车载充电机来充电，直流快速充电桩不需要该设备。交流充电桩给电动汽车的充电机提供电力输入，由于车载充电机的功率并不大，所以不能实现快速充电。直流快速充电桩是固定安装在电动汽车外、与交流电网连接，可以为非车载电动汽车的动力电池提供直流电源的供电装置，直流充电桩可以提供足够的功率，输出的电压和电流调整范围大，可以实现快充的要求。

3. 无线充电装置

无线充电方式主要基于电磁感应原理，其充电原理示意图如图 2-1-3 所示，充电装置在电源侧，受电装置在车辆上，两者之间没有机械链接，通过磁场传递能量。目前充电技术主要采用电磁感应式、电场耦合式、磁共振式和无线电波式四种。

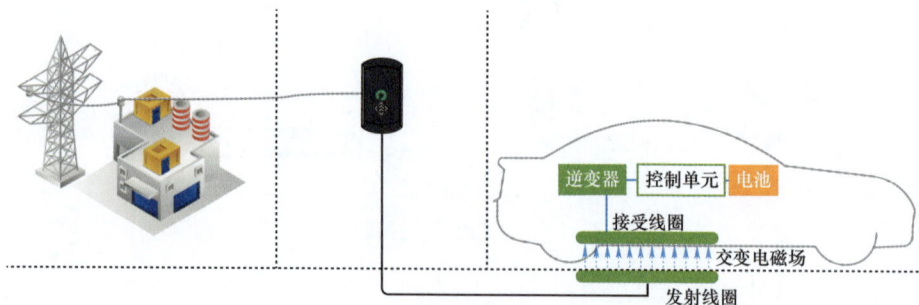

图 2-1-3 无线充电装置原理示意图

电磁感应是目前最成熟，相对应用最普遍的无线充电技术，利用电场和磁场的相互作用原理，在充电端和受电端各安装一个线圈，即能量的发射线圈和电能的接收线圈，两个线圈位置对应后，通过发射线圈的交流电产生磁场，再由接受线圈通过磁感应生成电，完成对电池的充电。这种充电方式的装置结构简单，传输功率较大，成本相对其他无线充电方式较低，目前宝马的部分车型应用了该技术。由于充电过程中充电发射线圈和车辆的接受线圈需要对齐，所以传输距离受到限制。

电磁共振式，主要利用在磁场中相同频率的线圈能实现能量传输的原理，当能量发射线圈和能量接收线圈达到相同频率时，电能从发射端传递给接收端。磁共振输电方式是一种非常高效的传输能量方式，对于不同频率的物体几乎没有影响。目前本田的无线充电技术采用磁场共振，这种方式不需要发射装置和接收装置完全对齐；只需要有 80%的面积重合就可以为车辆充电，适合大功率充电，但目前充电效率不高。

电场耦合式，是一种常用的无线充电模式，这种方式下的充电装置和待充电装置不是通过高频磁场来进行磁场的感应，而是通过使用两组电极或极板之间形成高频电场，通过经典感应实现电能的传输。这种方式的充电器结构简单，且对充电电极和受电电极之间的位置要求相比电磁感应式自由度更高，可实现一台对多个终端进行充电，具有转换效率高，发热低，位置可不固定的特点，但体积较大，传输功率较低。

无线微波式，是目前发展较为成熟的技术，其原理是通过硅整流二极管天线将微波转换成电能。这种方式适合远距离小功率电能传输，可自动随时充电，但转换效率低，峰值效率只有90%左右，而传统充电的效率在95%左右，充电时间较长。

总体来说，受制于技术成熟度和基础设备的限制，并且某些情况下存在安全性和健康性问题的争论，无线充电技术暂时还无法大批量产应用。

4. 移动式充电装置

与静止无线充电技术和传统充电技术不同，移动式充电技术是以非静止的方式进行充电，即在电动汽车行驶的过程中进行实时的能量补充。其基本原理是通过埋在地下的供电导轨以形成高频交变磁场，地面上一定范围（充电区）内的车辆通过能量拾取装置接受电能，实现对车辆的储能充电，如图 2-1-4 所示。根据发射装置的不同，可以分为集中式和分段式供电导轨模式。这种形式对充电时间和空间的要求降低，最理想的场景是车辆在路上巡航时充电，电动汽车用户就没有必要去寻找充电站、停放车辆并花费时间去充电了。但目前移动式充电系统复杂，技术难点尚需攻破，如将充电系统架设在公共路面之下，成本较高，且需要获得政策支持。

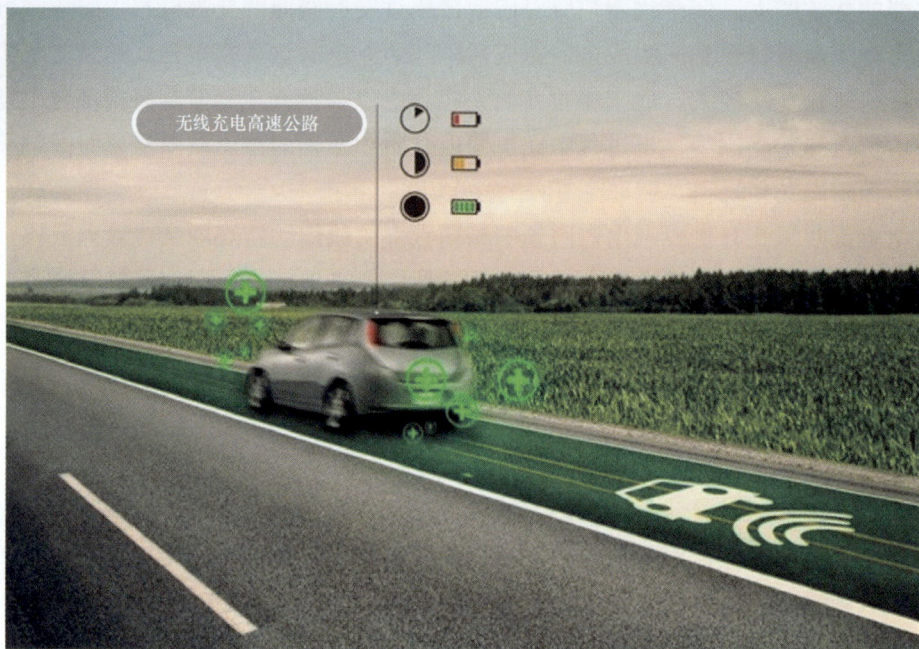

图2-1-4 移动式充电原理示意图

5. 换电充电装置

采用更换动力电池的方式给电动汽车进行能量补给，在车载动力电池的电量耗尽时，用充满电的电池组更换电量过低的电池组。更换电池组的方式分为纯手动形式、半自动形式和机械人更换三种模式。

更换电池模式在几分钟之后即可完成电池更换，能够实现即换即走，在时间上具有明显优势。目前技术上是各大厂商电池规格，大小等标准不统一，且无法保证每块电池组的性能一致，从而制约其发展。此外，由于电池包频繁拆卸，对电池板的耐振动、接口的稳定性等方面提出了更高的要求。

第二节　充换电设施及典型场景应用

电动汽车充换电设施是为电动汽车提供电能的相关设施的总称，包括充电设施和换电设施，另外还有一种特殊类别的充换电设施。

一、充电设施及场景应用

传导式充电设备按照接口分类，可分为缆上控制盒、交流充电桩、非车载直流充电桩、充电弓、超级充电设备。

缆上控制盒，有线上控制盒、充电线缆和标准插头三部分组成，充电电缆组件一端通过标准插头插入标准插座而连接交流电源网络，另一端通过连接器连接车辆充电接口，电缆组件中间配有线上充电控制盒（IC-CPD 或者 ICCB）。缆上控制盒具有 IEC 61851 规定的控制导引功能并满足 IEC 62752 的电气防护要求。电缆组件需要具有控制导引功能并提供保护接地，至少需要三根辅助导线，所以目前主流的几种标准单相交流充电口都至少是 5 孔的，其中两孔为充电导线，两孔提供控制导引，一孔接地保护，三相交流充电口一般是 7 孔，其中四孔为三相四线的充电导线，两孔提供控制导引，一孔接地保护。在很多地区三相和单相充电口通用，则采用七孔，单相充电时两孔相线不用。缆上控制盒具有体积小、质量轻、携带方便、寿命长等优点，充电过程中可以自动供电或断电，避免带电操作，安全性高。

交流充电桩，与交流电网连接，为电动汽车车载充电机（即固定安装在电动汽车上的充电机）提供交流电源的供电装置，一般分为壁挂式和落地式两种，如图 2-2-1 所示，按照功率分为单相和三相两种。交流充电桩技术简单、成本低，但由于交流充电桩只提供电力输出，没有充电功能，需连接车载充电机为电动汽车充电，常见功率等级为 3.5kW 或 7kW，根据电池容量配置不同，充电时间为 3～8h，充电时间较长，运营价值低，应用于家庭住宅车库、住宅小区停车位、企事业停车场、城市离散停车位、商业中心停车场等。

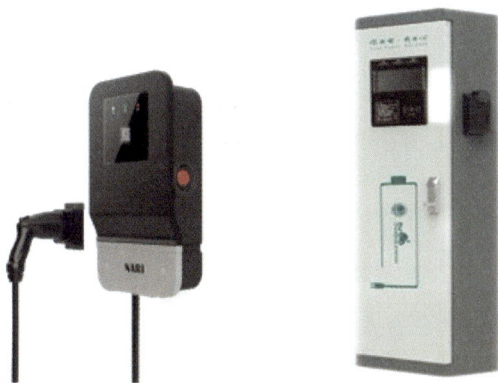

图 2-2-1 壁挂式和落地式交流充电桩

　　非车载直流充电桩，输入侧与交流配电网相连，输入交流电压，输出采用大功率直流电的非车载充电机给电动汽车的蓄电池进行充电的装置，常见功率等级为 30～360kW，典型充电电流为 0.2～0.3A，按照桩体结构可分为一体式充电机、分体式充电机。一体化设计，具备一桩一枪、一桩双枪等多种充电方式，如图 2-2-2 所示。

图 2-2-2　一体式直流充电桩

　　分体式设计如图 2-2-3 所示，功率装置与充电桩体分开，支持多分体桩，可采用一台充电机带一枪或双枪的形式，也可带多台充电桩的集群控制模式，分体设计、充电功率更大，满足大功率充电需求。其中群充群控充电桩，采用一台充电机带多台充电桩的集群控制模式，实现多个充电接口的动态功率分配与充电负荷调节功能，可广泛应用于公交场站停车场、物流车停车场等。

图 2-2-3　分体式直流充电桩

非车载直流充电设备输出的电压和电流调整范围大，充满电的时间一般为0.5～2h，充电时间短，但设备成本高且实施复杂，适合商业化集中运维，应用于企事业单位停车场、城市离散停车位、城市公共停车场、高速公路服务区停车场、车厂和4S店、公交场站停车场等适用于峰时大功率快速补电，谷时多车位并行充电的需求场合。

充电弓，连接方式由连接器耦合变为由充电弓或受电弓接触，分为下压式充电弓充电和上升式受电弓充电。充电弓具有对接压力检测系统，与车辆导通后，自动确认连接信号启动充电，全自动连接，充不动手，快捷方便。充电功率大，可实现快速补电，可为商用车和乘用车提供大功率充电，满足特定车型的快速充电运营需求，主要应用于公交场站停车场、观光小火车、特种车辆等，见图2-2-4。

图2-2-4　直流大功率充电弓

超级充电设备，电动汽车新一代的超级充电技术路线发端于电动汽车大功率充电需求，是基于国际三种主流直流充电系统和充电接口技术研发的面向下一代的全球统一的充电接口技术，在完全向前兼容原有系统的基础上，考虑了未来技术的发展趋势，实现了传统充电技术路线的升级，是一套完整的电动汽车直流充电系统解决方案。

2019年7月，在日本东京举办的第一届新型充电接口项目国际会议正式将中国提出的新一代充电技术命名为超级，寓意更快捷、更安全、更兼容。来自中国、日本、德国、荷兰、意大利、澳大利亚等国的专家成立联合工作组，共同推进超级项目的技术研究、验证和国际化；2019 年 10 月，在中国上海举办电动汽车大功率充电技术与标准预研工作总结会，全面展示研究成果，获得日、美、欧等国专家的广泛认可；2020 年 3 月，国家电网有限公司组织编制超级充电技术白皮书，全面阐述了超级充电系统、通信协议、连接器等技术方案、未来标准和产业规划等。日本基于同一解决方案同步编制了新一代充电标准 CHAdeMO3.0。

图 2-2-5　超级充电桩

目前的实车测试结果显示，超级充电技术的最大充电功率 400kW，可在 10min 内为一辆具备大功率充电能力的电动汽车提供足够形式 300km 的里程电量，充电时间与燃油汽车加油时间相当。该项技术未来目标是充电功率可高达 900kW，仅需充电 5min 就能行驶 400km，届时，电动汽车充电将变得更加方便快捷。

按照使用场景，充电设施包括私人充电设施、公共充电设施、专用充电设施以及换电设施。按照建设规模，充电设施可分为分散式充电桩与集中式充电站。

电动汽车集中式充电站采用整车充电模式为电动汽车提供电能的场所，应包括三台及以上电动汽车充电设备（至少有一台非车载充电机），以及相关供电设备、监控设备等。服务的对象有电动公交车、电动服务车等。充电站结构图如图 2-2-6 所示。

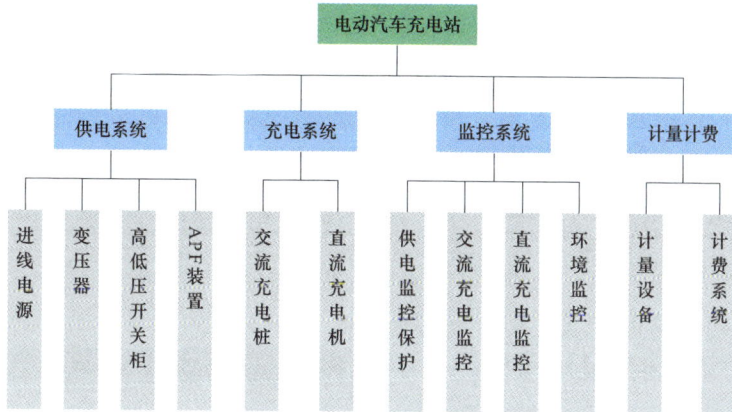

图 2-2-6　充电站结构图

电动汽车集中式充电站典型配置包含大、中、小三种类型，其中：

（1）大型充电站：占地 1700～2000m²，充电机型以大功率直流充电桩为主，交流充电桩为辅，进线常采用 10kV 双路常供，单母线接线，0.4kV 侧常采用单母线分段接线，两段母线之间设分段联络柜；充电站配置有源滤波无功补偿设备、计量计费系统、充电站监控系统、配电监控、充电机监控和安防监控系统等，常应用于大型公交场站、物流、运营车辆集中充电站等场景。公交充电站见图 2-2-7。

图 2-2-7　公交充电站

（2）中型充电站：占地约 1000m²，充电机型以常规功率直流充电桩为主，交流充电桩为辅，进线常采用 10kV 双路常供，单母线接线，0.4kV 侧常采用双路进线（一主一备），单母线接线方式；充电站配置有源滤波无功补偿设备、计量计费系统、充电站监控系统、配电监控、充电机监控和安防监控系统等；常应用于中小型公交场站、运营、出租车等运营车辆集中充电站等场景。

（3）小型充电站：占地 50～100m²，充电机型以交流充电桩为主，常规功率直流充电桩为辅，进线常采用 0.4kV 供电；充电站配置计量计费系统，可选配充电站监控系统、安防监控系统等；常应用于园区、企业等集中充电站等场景。

二、换电设施及场景应用

电池更换站是通过直接给电动汽车更换电池包的方式来进行补电，通常单次几分钟内就可以满电更换，早期换电站的电池包通常在站外充电，通过集中充电、统一配送的方式运输至换电站，目前主流的换电站已经具备站载充电系统，在站内即可完成充电，同时站内配备恒温系统确保充电安全，并可实现无人值守运行。其组成结构如图 2-2-8 所示。

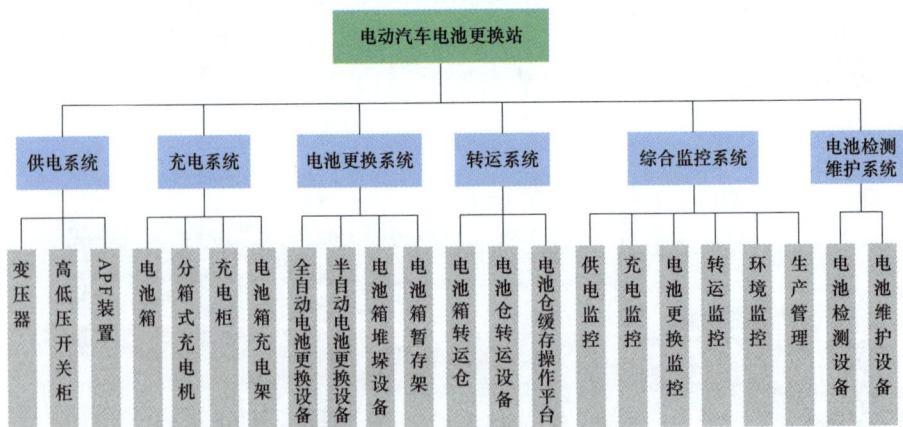

图 2-2-8　电池更换站结构图

电动汽车换电站系统主要由供配电系统、充电系统、电池更换系统、运转系统、综合监控系统和电池检测维护系统等组成。

供配电系统主要为充电设备提供电源，主要由一次设备（包括开关、变压器及线路等）和二次设备（包括监测和控制装置等）及站用电源系统组成。

充电系统为换电站内电池箱提供直流电能，具备与电池箱内 BMS 和监控系统的通信功能，并能根据 BMS 提供的信息自动或接受监控系统的控制命令对电池箱进行充电控制和管理。

电池更换系统由用于完成商用车和乘用车电池更换功能的一系列设备组成，是换电站的核心组成部分，主要包括换电设备、半自动换电设备、叉车等。

充换电站配套设施包括照明设备、温控系统、消防设施、自助交易终端、电池维护设备等。

运转系统包含电池箱运转及电池仓运转及电池仓清缓存操作平台，保证充电站内有序运转。

监控系统作为充电站自动化系统的核心，是充换站安全高效运行的保证，它实现对整个充换站的监控、调度和管理，主要包括配电监控系统、充电监控系统、烟雾和视频安保监视系统和计量系统。

电池检测与维护系统，根据站内电池箱数量、地区更换站实际地理布局及更换站间运行安排，综合考虑更换站规模、人员配置等因素，确定换电站配备电池箱检测与维护设备数量。电池检测及维护设备有二种，分别为 360V/120A 电池检测设备与 80V/60A 电池检测设备。其中 360V/120A 电池检测设备主要用于对 4 串标准电池进行循环充放电试验，以确定使用中的电池的整体动力性能情况，80V/60A 电池检测设备主要用于对单串标准电池进行循环充放电试验，以确定使用中的单只电池的性能情况，见图 2-2-9。

图 2-2-9　重卡换电站

目前换电站产品线按车型分为乘用车换电站和商用车换电站。乘用车换电站主要服务网约车、出租车和小型私家车，合作的主机厂包括北汽新能源、蔚来、吉利、上汽等，应用场景集中于城市端；商用车换电站主要服务混泥土搅拌车、自卸车、牵引车和牵引车等工程用车，合作的企业包括一汽、东风、吉利、上海玖行能源和国家电投等，目前应用场景集中于工地、高速公路等。

三、充放电设施及场景应用

充放电设施，又称V2G，是将电动汽车与电网的双向互动技术运用于充电桩设备，其原理如图2-2-10所示。在V2G模式下，电动汽车不仅能充电，还可根据电网需求放电。电动汽车作为一种分布式移动储能资源与电网互动，可以为大电网提供削峰填谷、调峰调频、需求响应等服务，有效提高本地和全局消纳新能源发电的能力，降低使用电动汽车的碳排放水平，进一步推动电力系统、交通系统的低碳化发展。国外方面，车网互动试点项目主要集中在欧美国家，验证电动汽车参与削峰填谷、分布式光伏充电、需求响应、调频辅助服务、备用服务应用场景的技术和经济可行性。我国的V2G车网互动项目，主要应用于减缓对电网和电源的公共投资，辅助可再生能源并网消纳，促进未来大规模电动汽车和可再生能源的推广。

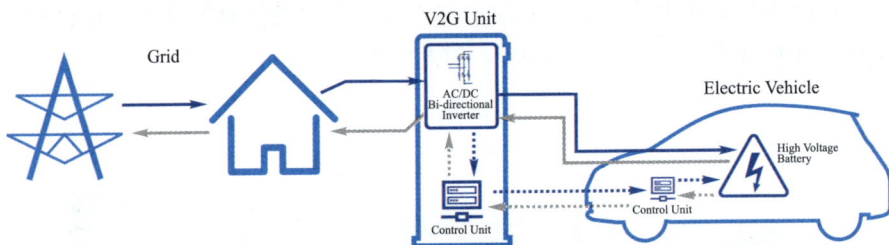

图 2-2-10 V2G 原理及应用场景图

在实际应用中，充放电设施需搭配上层系统实现放电功能，常见的应用场景如下所示：

（1）降低客户用车成本：将谷时的电能存储起来在峰时释放，通过峰谷电价差为客户降低充电成本、为电力用户降低用能成本。

（2）治理台区电能质量：开展电网台区重过载，功率因数不达标、三相不平衡等电能质量治理业务，延缓电网改扩建的投资。

（3）缓解供电压力：通过价格激励引导广大电动车主参与电网削峰填谷、需求响应，减轻电网供电压力。

（4）消纳清洁能源：通过平台建设，聚合广域、分散的电动汽车储能资源，将充电需求、放电能力与风光等新能源出力协调统一，最大化消纳清洁能源，实现电动汽车绿色出行。应用场景如图 2-2-11 所示。

图 2-2-11　V2G 充电站应用场景

四、充换电服务网络及场景应用

充换电服务网络是指通过网络平台提供充换电的运行监控、运营管理、业务服务、信息服务等服务。目前已建成的全球覆盖面最广、数量最多、服务能力最强的充电桩网络是国家电网公司建设的"智慧车联网平台"。

目前，通过智能充电，电动汽车车主已经可以利用负荷低谷充电，全面降低充电成本，辅助参与电网调峰调频，在助力电网安全运行的同时提升充电设备利用率。同时，通过 V2G 技术，用户还可以在电网用电高峰时向电网反向送电，令电动汽车成为移动的储能电站，并获得参与电网削峰填谷的增值收益。

未来业态方面，作为电动汽车用户与电网互动的桥梁，负荷聚合商的角色及作用将愈发明显，聚合商通过整合中小负荷用户参与电力市场，最大限度降低海量分散负荷对电网的影响，通过专业技术手段引导负荷资源，及时参与电网互动响应。同时，开展电动汽车为主体的绿电交易，推动新能源车充新能源电。

第三章

充换电设施建设

第一节　电动汽车充换电设施建设

党中央、国务院高度重视电动汽车及充电基础设施发展，出台了一系列政策，持续加大推进力度。公司认真落实国家战略，履行央企责任，加快充换电设施建设运营，有力地促进了我国电动汽车产业发展。本章在电动汽车充换电站项目建设的重点环节及业扩报装流程方面，对实际建设和管理过程总结出经验，供读者参考。

一、项目前期

充换电设施建设项目前期是指从工程规划到开工实施前开展的全部工作，主要工作内容包括政策争取、网络规划、选址布局、工程许可、用地协调、配套准备等。做好项目前期是充换电工程建设顺利实施的首要关键因素，前期工作可遵循"三早一细"的原则，即：布局选址早踏勘、建设用地早落实、配套工程早协调、勘查定址细评估。特别是在充换电布局选址和建设用地协调方面，存在不确定和不可控因素，在充换电工程建设全过程中耗时费力最多、问题处理复杂，工作的关键是确保落实站址用地，缩短施工进场等待时间，保障工程建设周期。

1. 确定布局选址方案

在项目储备立项前，充换电站的规划要与城乡发展规划相协调，根据地区经济社会水平、支持政策和电动汽车发展情况，结合电网发展规划和电动汽车技术发展趋势，适度超前，充分考虑充电需求，规划设施类型、服务密度（半径）和服务能力，提出充电站布局原则。布局选址一般经过市场调研、价值评估、方案制定、现场勘察等工作程序，可以通过停车场（站）资源调研、充换

电站安装意向调查、车辆流量数据统计等工作开展布局分析，争取优质资源，提出选址建议。通过选址方案讨论会、实地踏勘等组织方式择优确定选址方案，为规避项目前期落实风险可补充制定备用选址方案。

2. 建设用地落实

在充换电设施布局选址方案确定后，应根据地方政府充电基础设施建设管理要求，组织与土地出让单位洽谈土地买、租、无偿使用等事宜。要用好、用足地方政府支持政策，采用多种方式、渠道获取土地使用权，办理相关用地手续或签订有关协议。落实充换电站址是项目前期最重要的任务目标，选址时在充分考虑环境条件和场地条件的基础上锁定选址，可以通过请示、报告、备案等方式向地方政府取得建设支持和合法保障，避免后期用地问题纠纷，为后续建设补贴奖励、用地优惠办理等工作提供支撑依据。特别是高速公路沿线充换电建设，应加强统一组织协调，确保落实建设用地，保障工程项目顺利推进。

3. 配套电源项目

配套电源接引工程与充换电本体工程项目在项目前期、物资采购等环节的工作周期基本相近。为保障充换电本体完工后及时接电投运，配套工程与项目储备、立项宜同步实施或紧密衔接，应参照业扩报装配套工程管理相关规定，在第一时间完成充换电建设定址、接入方案制定等工作，在储备项目总控资金确定后制定配套工程保障措施。

4. 站址建设评估和现场勘察

充换电站建设地址全面的建设评估和细致的现场勘查对后期工程建设和设施使用起着重要的指导作用。高速公路充电站布局在满足公司整体高速公路快充网络规划的同时，兼顾本省重点城市间互联需求，详细排定建设时序，适当超前布局，尽量选择服务区出入口明显位置。城市公共充电站建设应通过全面细致的前期调研评估，确保优先落点在城市核心区、功能区以及热点地区等电动汽车分布相对集中和发展预期前景较好的区域。实地勘察应尽可能详尽细致，统筹考虑电源走廊、给排水设施、防排洪设施、进出站道路等因素，充分利用就近公用设施，减少工程量。同时，兼顾配电网供电质量、可靠性等运行要求。

二、工程建设

充换电工程建设是在项目立项后和工程正式投运前开展的工程实施活动，这一过程中通过建立组织体系和管控机制、制定里程碑计划、对组织招标采购三个环节实现工程建设实施前期对项目总体的规划和关键时间节点等方面的控制，工程建设实施全过程包含合同签订、初设和施工方案编审、施工许可办理、现场施工、设备供货安装、设备检测、接入调试、竣工验收八个重点环节。

　　充换电工程建设初步设计是工程施工图设计的前提与基础，充电站一般包含供电系统、充电设备、监控系统、配套设施等。充电站设计应该包括设计图纸、主要设备材料清册、概算书等。初步设计文件应充分表达设计意图，内容完整齐全、计算准确、文字说明清楚、图纸清晰正确、各级签署齐全。设计应确定设计方案、主要设备材料、提出用地要求、提供施工图纸设计方案依据、控制工程投资。主要技术方案应包括供配电系统、充电系统、电气二次线、计量系统、通信、总平面及竖向布置、建筑方案建筑结构形式、地基处理方案等内容。换电站在供电系统设计、监控及通信系统设计、防雷接地要求等方面，与充电站并无太大区别。但由于换电站的充电系统，一般都是集装箱形式，体积大且重，现场施工需要吊装设备，因此，工程设计时主要考虑承重问题。此外，换电站里还存储电池，消防给水及灭火设施除按照充电站的要求设计外，还需重点考虑电池存储的安全设计要求。

　　项目初步设计的编制评审完整和及时是规范施工的重要保障，可采用集中编制、交叉审查、模板式审查等方式提高编审工作效率。另外，对设备设施的安装工艺与防护措施，可根据地域和功能差异采取特殊设计，本章末尾附国网公司《××公司××公交车充电站典型设计方案》为例，供读者作为充电站可研报告和设计参考。在初设评审后，施工单位需完成施工方案编制并通过审查确认。审查工作可邀请土地业主单位参与，避免因设计方案纠纷而影响工程周期。

　　为保证施工建设的顺利实施，充电设备、箱变、监控设备、线缆等物资供应合同签订后，建设单位应结合工程建设进度要求，认真制定物资供应计划与管控措施。通过制定充电换设备质量控制和检验检测相关管理办法，明确组织流程、工作内容、评价规则、整改退货等管理制度，可对供应商设备建立"红、黄牌"制度，提高质量控制力。组织开展充换电设备质量控制和检验检测工作，围绕充换电设备满足安全、质量、兼容性等要求，依据实际情况开展生产监造、供货前抽检和到货全检，检测内容见表3-1-1，以提高运维效率和服务质量。项目建设单位间对兼容性检测结果可共享，物资到货后，应组织监理、设计、施工、设备供应商等单位共同完成设备开箱检查，做好供货清单核对确认，确保物资接收顺利、完整，建立并及时补充备品备件库。

表 3-1-1　　　　　　　　　　　　设备质量控制和检验检测项目

阶段	检测内容
设备生产和出厂试验阶段	对设备生产工艺、基本功能、安全性能、电气性能、接口兼容性试验等进行见证
设备供货前	委托具有相关经验或资质的检测机构开展抽样检测，检测项目包括技术参数、功能要求、防护要求、安全要求、电磁兼容性等项目，抽样率不低于 5%
设备到货后	开展到货设备全量检测，检测项目包括功能要求、电气性能、安全要求、互联互通、协议一致性等项目

对现场施工安全和质量的管控。内容包括：施工单位和人员资质、甲供主要设备、乙供工程材料和构配件、关键部位和工序旁站监理、文明施工现场巡视检查、编制工程安全质量评估报告、协助地市公司开展工程质量中间验收和竣工验收等。重点环节包括：基坑开挖、钢筋和混凝土浇制、基础保养、电缆敷设、电缆头制作、钢结构安装、吊装作业等。应特别加强对充换电地基、电缆管沟、排水沟槽、接地网等隐蔽工程的安全质量管理。应制定施工安全质量管控、风险防控和应急处理措施，确保工程实施优质高效。

工程施工单位在工程安装调试完毕后立即进行自验收，经自验收合格后提出项目竣工验收申请，并提交设备技术资料、设备检验检测合格证明、安装调试资料、隐蔽工程验收资料等。在接到项目验收申请后 10 个工作日内组织竣工验收工作。对现场验收发现的问题，明确整改内容、责任单位以及时限要求。程竣工验收工作应结合地方政府关于充换电工程建设管理的要求，内容包括施工质量验收、非通电设备质量验收和通电设备运行验收三个方面。验收项目包括充换电设施供电系统、充电系统、电池更换系统、监控系统、土建及其他配套设施、文档资料等。

1. 充换电系统竣工验收

竣工验收前，建设管理单位应组建竣工验收工作组，工作组由建设、运行、设计、施工、监理、安检等单位的专家代表组成，并进行必要的分工。

验收内容包括基本构成、外观和结构、标识相关操作的说明文字及图形，同时还应对环境条件、电源要求、耐环境性能、电击防护、电气间隙和爬电距离、电气绝缘性能、电磁兼容性能、平均故障间隔时间等性能参数等项目合同、设计图纸的有关规定。

通电设备通电验收前，应进行各回路的绝缘检查并作好记录，绝缘电阻值应符合设计要求和相关标准规范的规定。绝缘电阻测量时，应有防止弱电设备及电子元件被损坏的措施，还应对设备的接地保护线连接进行可靠性检查。对带有剩余电流保护装置的线路应作模拟动作试验，并作好记录。验收过程中，验收工作组可按照验收流程进行验收工作，并在验收工作结束后完成验收报告的编制、上报和审批工作。验收完成后，验收工作组应确认发现的工程遗留问题并发出整改通知书或提出限期整改意见，并对整改情况进行跟踪和反馈，可根据需要再次组织验收，直至验收合格。

2. 供电系统竣工验收

供电系统竣工验收应符合项目合同、设计图纸的有关规定。具体包括变流柜及控制柜的安装、母线装置的安装、低压配线的接线和相序等、低压隔离电器和导体的选择、配电设备布置、配电线路的保护、配电线路的敷设、电能计量、电能质量、供电设备的防雷接地、电源配置、电气主接线、站用电源、二次系统配置、谐波治理装置等内容。

3. 电池更换系统竣工验收

电池更换系统竣工验收应符合项目合同、设计图纸的有关规定。具体包括电池箱及电池箱连接器、充电架及电池存储架、电池箱更换设备、电池箱检测与维护设备、车辆导引装置等内容。

4. 监控系统竣工验收

监控系统竣工验收应符合项目合同、设计图纸的有关规定。具体包括对供电状况、电能质量、供电设备运行状态等进行监视和控制；监控系统与充换电设备之间的通信协议等内容。

5. 土建及其他配套设施竣工验收

土建及其他配套设施竣工验收应符合项目合同、设计图纸的有关规定。具体包括站房及其他附属建筑物的砖石工程、屋面工程、地面工程、建筑装饰工程、消防应急照明和疏散指示系统、消防系统、防雷接地装置、电气照明装置、外观标识等内容。

6. 文档资料验收

文档资料验收主要包括验收申请文件、验收技术文件和验收报告文件等三

种类型。

验收申请文件应包括以下文档：制造厂提供的产品说明书、调试大纲、试验方法、试验记录、合格证件及安装图纸等技术文件、相关设备的出厂验收报告（包括出厂合格证和质量证明书等）、安装记录、现场安装调试报告、根据合同提供的备品备件清单、验收申请书等内容。验收技术文件应包括以下文档：设计联络会会议纪要、设计文件和设计变更书、工程竣工图、安装技术交底记录、调整试验记录。验收报告文件应包括以下文档：验收结论、验收测试记录、验收测试统计及分析报告、验收差异汇总报告、设备及文件资料现场验收报告。

7. 验收评价

验收达到以下要求：项目的文档资料齐全、所有软、硬件设备型号、配置、数量和技术参数等均满足项目合同等技术文件的要求、验收结果满足验收大纲及现行国家相关标准规范的要求、无缺陷项目或"差异"项属于偏差，不致影响系统正常运行或安全，可按"合格"处理，可认为验收通过。

三、充换电设施投运

充换电工程投运管理是指工程建设实施完成后、正式服役前的管理工作，是工程建设转工程运维的重要过渡环节，主要包括充换电试运营和正式投运等内容。

试运营期间，应及时移除站点现场围挡，张贴投运公告。同时，加大巡视，充分检验车桩兼容性，仔细排查箱变、充电设备、通信设备和辅助设施的运行隐患，核对 App 客户端地理位置、充换电状态信息等是否准确，如有异常应立即组织问题消缺。

试运营后（试运营期为 30 天），应综合评估试运营效果，完善设备检验检测、工程竣工验收、投运前管理等支撑材料，完成进工程正式投运。

四、工程结（决）算

在工程竣工验收合格后 2 个月内，应遵循"统一管理、分级负责，全程管控、全面审批"的原则，整理工程结算报告以及相关采购合同、发票等报销凭据，办理工程成本入账手续，完成工程决算和固定资产转资工作，妥善保管资产管理档案，并开展充换电资产全寿命周期管理。

附件 3 – 1 – 1：

以下仅以《××充电站建设项目可行性研究报告》为例，供读者作为充电站可研报告和设计参考。换电站的建设尚未出台典型设计，因此在考虑换电站的设计建设时，可参考借鉴充电站的设计原则，但是由于换电设备的质量较大，因此在设计时要充分做好地质勘探工作，确保基础的设计建设安全。

××充电站建设项目可行性研究报告

项目单位：×××××××××

编制单位：×××××××××

××年××月××日

审　　批：＿＿＿＿＿＿＿＿＿

审　　核：＿＿＿＿＿＿＿＿＿

校　　核：＿＿＿＿＿＿＿＿＿

设　　计：＿＿＿＿＿＿＿＿＿

第一部分 总 的 部 分

1.1 编制依据

1.1.1 设计依据性文件

《汽车产业调整和振兴规划》

《节能与新能源汽车发展规划》（2011—2020 年）

《关于加快电动汽车充电基础设施建设的指导意见》（国办发〔2015〕73 号）

《电动汽车充电基础设施发展指南（2015—2020）》（发改能源〔2015〕1454 号）

《电力发展"十三五"规划》（2016—2020 年）

《关于开展节能与新能源汽车示范推广试点工作的通知》财建〔2009〕6 号

《关于继续开展新能源汽车推广应用工作的通知》财建〔2013〕551 号

《关于进一步做好新能源汽车推广应用工作的通知》财建〔2014〕11 号

《关于加快推动纯电动汽车发展有关工作的通知》国家电网营销（2006）1089 号

《国家电网公司电动汽车充换电建设指导意见》

《国家电网公司 2010 年电动汽车充换电建设实施方案》

项目委托书

1.1.2 主要设计原则

（1）电动汽车技术标准。

GB/T 19596—2017《电动汽车术语》

GB/T 20234.1—2015《电动汽车传导充电用连接装置 第 1 部分：通用要求》

GB/T 20234.2—2015《电动汽车传导充电用连接装置 第 2 部分：交流充电接口》

GB/T 20234.3—2015《电动汽车传导充电用连接装置 第 3 部分：直流充电接口》

GB/T 27930—2015《电动汽车非车载传导式充电机与电池管理系统之间的通信协议》

QC/T 743—2016《电动汽车用锂离子蓄电池》

（2）充换电设施技术标准。

Q/GDW 236—2009《电动汽车充电站通用要求》

Q/GDW 238—2009《电动汽车充电站供电系统规范》

Q/GDW 397—2009《电动汽车非车载充放电装置通用技术要求》

Q/GDW 398—2009《电动汽车非车载充放电装置电气接口规范》

Q/GDW 399—2009《电动汽车交流供电装置电气接口规范》

Q/GDW 400—2009《电动汽车充放电计费装置技术规范》

Q/GDW 478—2010《电动汽车充换电建设技术导则》

Q/GDW 488—2010《电动汽车充电站及电池更换站监控系统技术规范》

Q/GDW 1233—2014《电动汽车非车载充电机通用要求》

Q/GDW 1234.1—2014《电动汽车充电接口规范　第 1 部分：通用要求》

Q/GDW 1235—2014《国家电网电动汽车非车载充电机通信协议》

（3）电气技术标准。

GB/T 14549—1993《电能质量　公用电网谐波》

GB 17625.2—2007《磁兼容　限值　对每相额定电流≤16A 且无条件接入的设备在公用低压供电系统中产生的电压变化、电压波动和闪烁的限制》

GB/Z 17625.6—2003《电磁兼容　限值　对额定电流大于 16A 的设备在低压供电系统中产生的谐波电流的限制》

GB/T 19826—2014《电力工程直流电源设备通用技术条件及安全要求》

GB 50034—2013《建筑照明设计标准》

GB 50052—2009《供配电系统设计规范》

GB 50053—2013《20kV 以下变电所设计规范》

GB 50054—2011《低压配电设计规范》

GB 50060—2008《3kV～110kV 高压配电装置设计规范》

GB 50061—2010《66kV 及以下架空电力线路设计规范》

GB/T 50064—2014《交流电气装置的过电压保护和绝缘配合设计规范》

GB/T 50065—2011《交流电气装置的接地设计规范》

GB 50217—2018《电力工程电缆设计标准》

DL/T 448—2016《电能计量装置技术管理规程》

DL/T 856—2004《电力用直流电源监控装置》

DL/T 5221—2016《城市电力电缆线路设计技术规定》

JB/T 5777.4—2000《电力系统直流电源设备通用技术条件及安全要求》

（4）土建技术标准。

GB 12755—2008《建筑用压型钢板》

GB 14907—2018《钢结构防火涂料》

GB 50003—2011《砌体结构设计规范》

GB 50007—2011《建筑地基基础设计规范》

GB 50009—2012《建筑结构荷载规范》

GB 50010—2010《混凝土结构设计规范》

GB 50011—2010《建筑抗震设计规范》

GB 50016—2014《建筑设计防火规范》

GB 50017—2017《钢结构设计规范》

GB 50018—2002《冷弯薄壁型钢结构技术规范》

GB 50019—2015《工业建筑供暖通风与空气调节设计规范》

GB 50037—2013《建筑地面设计规范》

GB 50068—2018《建筑结构可靠度设计统一标准》

GB 50140—2005《建筑灭火器配置设计规范》

GB 50223—2008《建筑工程抗震设防分类标准》

GB 50345—2012《屋面工程技术规范》

GB 50352—2005《民用建筑设计通则》

CECS 242—2016《水泥复合砂浆钢筋加固混凝土结构技术规程》

1.2　可研范围

本次可研报告的研究内容包括电动汽车充电区域的电气一次、电气二次、土建等专业设计内容。

1.3　工程概况

本方案适用于具有快速充电需求的室外停车场。方案建设公共充电站 1 座，具备充电车位 4 个，服务前来充电的电动私家车、网约车、出租车等小型电动车辆。站内建设 80kW 一体式直流充电机 2 台，按照单车平均充电时长××h 考虑，该站具备××车次/天的服务能力。本次项目总投资××万元。

（注：具体工程中应写明工程建设起止时间。）

1.4 主要技术经济指标

按照最小工程方案考虑，投资费用为××元。其中：人工费××元；设备购置费××元。如配置安防系统，需增加××万元。配电箱至充电区域距离每增加100m，投资增加××万元。

另外，本项目中未配置安防系统，如需配置，需增加××万元。由于工程费用较低，未计列勘察设计、可研编制评审等设计费用，建议采用框架招标统一解决，如需单独计列，总投资需增加约××%。

第二部分 项目必要性

发展新能源电动汽车成为世界各国的共识，已列入各主要国家重要发展战略。为优化用能结构、缓解环境压力，大力推广电动汽车是打赢蓝天保卫战在交通领域的重要举措。为保证电动汽车推广工作的顺利开展，我国先后出台了《×××××》《×××××》等相关文件，指导我国电动汽车推广和充换电建设工作。

为响应国家政策号召，提高电动汽车占有率，计划新建 1 座公共充电站，具备 4 个充电车位，服务临时停车的小型电动车辆。

按照单车配置功率××kW/车、××个充电车位测算，需要配置××kW 一体式直流充电机××台。考虑平均单车充电时长××h、百公里耗电量××kWh测算，可充电××kWh、支持续航里程××km，可以满足大部分车辆单日出行的快充需求。

（注：具体工程中应写明工程计划建设的时间和地址，表述形式为："××年在××省××市××停车场"。）

第三部分 项目规模及建设方案

3.1 项目建设规模

本项目为一体式直流快充站，包含：配电系统和充电系统。

配电系统：新建配电箱×台，电压等级为××kV。

充电系统：新建××kW 一体式直流充电机×台，×机×枪，总功率××kW。

室外安装，为小型电动车提供充电服务。新建充电区包括充电桩、车位、充电指引牌、限位桩等，同时包括相关的全部土建及设备的土建基础。

（注：具体工程中应写明工程建设地址，表述形式为："××年在××省××市××停车场"。）

3.2　配电系统

3.2.1　电气主接线

本项目××V侧为单母线接线。

3.2.2　负荷分析

本项目拟安装××kW一体式直流充电机×台，×机×枪。总额定充电功率××kW。电源引自临近××kV电源。

3.2.3　电缆部分

（1）××kV电缆。

由电源低压侧引×路电缆至新建配电箱，导线型号××mm^2。

由配电箱引×路电缆分别至×台新建直流充电桩，导线型号××mm^2。

（注：本方案中所有导线截面和敷设方式选择均可根据扩建需求和当地技术要求适当调整。）

（2）交流配电箱。

电源低压侧引×路电缆接入交流配电箱，由配电箱引出×路电缆分别接入×台直流充电桩。箱内配置低压计量表，配电箱采用落地式，尺寸由厂家图纸提供。

（3）电缆敷设。

电缆敷设采用直埋方式。电缆终端头推荐选用冷缩型。

（4）电缆的接地。

均采用两端直接接地。即在每路电缆线路两终端部位，电缆的金属屏蔽层经接地引线分别引出，与两端站内接地网可靠连接。

3.2.4　接地

本工程低压配电采用TN—S接地系统，需新建保护接地网，所有电气设备外露可导电部分均应均用50×5热镀锌扁钢与接地网干线可靠焊接。

待地网敷设后，应对接地电阻进行实测，此值不大于4Ω为合格。地线的敷设及焊接必须符合《电气装置安装工程接地装置施工及验收规范》中有关接地部分的规定。

3.3 充电系统

3.3.1 适用范围

本方案适用建设在路侧、公园门口、4S 店等充电车位较少，有快速充电需求的室外电动汽车充电站。

3.3.2 设备选型

××kW 一体式直流充电机，×机×枪。

交流输入电压：380V±20%；交流输入电流：123A；交流输入频率：50.0Hz ±1Hz。

电压输出范围：200～750V DC；恒功率电压输出范围：330～750V DC；最大输出电流：250A（单路）。

整机效率：≥96%；功率因数：＞0.99。充电枪长度：双枪各 5m。

具备功率动态分配功能。

3.3.3 主要功能

（1）充电能力及功率分配原则。

具备×辆车同时以××kW 功率充电的能力，同时具备功率动态分配功能，单枪最大输出功率不超过××kW。

（2）保护功能。

充电系统二次应具备：充电连接异常时自动切断输出电源的功能；过压、过负荷、短路、漏电急停保护和自检功能；根据电池管理系统（BMS）提供的数据，动态调整充电参数，自动完成充电过程的功能；通过 CAN 接口与电池管理系统通信，获得车载电池状态参数的功能；运行状态、故障状态显示功能。

3.3.4 网联模块

所有充电桩内配置网联模块。模块具备数据采集、存储、加解密、协议处理、协议转换、远程升级、即插即充等功能。具备 1 路上行远程通信接口，安装支持中国移动、中国联通、中国电信 4G/3G/2G 的全网通通信模块，与车联网云平台进行通信和数据传输。采用国网最新 ESAM 芯片，支持全报文加密。

3.4 电气二次

3.4.1 保护配置

配电箱内出线断路器脱扣器采用两段式保护，其中长延时 I_r≥负载电流，瞬

时 $I_{sd} = 10I_n$ 0s。

3.4.2　计量部分

本期工程采用低压计量方式，安装 300/5A 精度 0.5S 级计量电流互感器。三相交流电能表将电度量由有线（或无线）通信方式上送到营销系统进行处理。

3.4.3　安防监控

结合停车场现有安防设施的实际情况进行配置。当现有安防设施可覆盖本方案车位及电力设施时，无需新增安防监控。当现有安防设施无法完全覆盖本方案车位及电力设施时，根据实际情况新增安防监控设施。

如需配置安防系统，则视频安防监控系统工程设计应符合国家现行标准 GB ×× 《××××××》和 GA/T ×× 《××××××》的相关规定。该站安装实时视频系统一套（含视频服务器、监控主机、专业监视器各种摄像头、硬盘录像机、交换机等设备）。视频服务器组屏安装，负责图像的采集、存储。部分内容整站上传至车联网平台。

视频安防监控系统应对需要进行监控的充电机、充电车位、主要公共活动场所、通道、重要部位和区域等进行有效的视频探测与监控，图像显示、记录与回放。

监视图像质量不应低于 GB ×× 《××××××》中的规定，在显示器上应能有效识别目标。

3.5　通信部分

充电桩内网联模块通过无线，与车联网平台连接。

3.6　土建部分

3.6.1　概述

本站区共布置×台××kW 一体式直流充电机，×机×枪，共设×个充电停车位，可同时满足×辆小型电动车的停放及整车充电需求，车位 2.4m×5.5m。在站区内布置×台室外配电箱。

（1）混凝土：C30 用于现浇钢筋混凝土结构，C15 用于混凝土垫层；

（2）钢筋：HPB300 钢筋用于直径≤12mm 的非预应力钢筋，HRB400 钢筋用于直径>12mm 的非预应力钢筋；

（3）钢材：Q235、Q345；

（4）槽钢：10 号。

3.6.2 站区布置

（1）总平面布置。

本充电站位于现状室外停车场，共计×个充电车位。配置×台××kW 一体式直流充电机。每×个停车位后方安装充电桩×台，共×台。车位采取双排布置。

利用停车场现状道路及大门出入充电区域。停车位均应按要求划分，并设置清晰停车位标识。每个车位与充电机之间设金属车挡，车位车挡优先使用停车场现有设备，根据现场具体位置设置。

（2）站区排水布置。

站区雨水利用现有排水、防水设施，不改变现有排水系统。

（3）地面及场地设计。

直流充电桩采用立柱式。配电箱至直流充电桩的电缆敷设采用直埋方式。不大规模破坏站区原有地面，仅需恢复施工中破坏的部分地面。

（4）标识标牌。

充电站应按国家电网公司相关要求统一安装标识标牌，包括站号牌、站外组合标识牌、设备室标识牌、设备相关标识、安全警示线标识等。

3.6.3 消防系统

根据《建筑灭火器配置设计规范》（GB 50140—2005）的规定，在充电车位区域配置××kg 手提式磷酸铵盐灭火器×具。

第四部分 主要设备材料清册

根据项目实际情况，列出主要设备材料清册。

第五部分 投资估算

5.1 编制原则和依据

（1）项目划分及取费标准参照执行《××年××市建设工程计价依据——概算定额》。

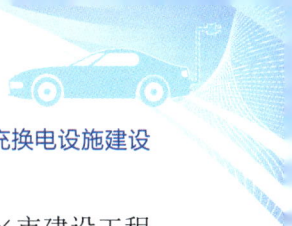

（2）定额采用××市住房和城乡建设委员会颁布的《××年××市建设工程概算定额——通用安装工程概算定额　第一册　电气设备安装工程》《××年××市建设工程概算定额——通用安装工程概算定额　第二册　建筑智能化工程》《××年××市建设工程概算定额——城市轨道交通工程概算定额　第五册供电工程》《××年××市建设工程预算定额——绿色建筑工程　第二部分　通用安装工程工程》《20kV 及以下配电网工程预算定额　第二册　电气设备安装工程》。

（3）定额人工、材机调整系数执行建设行政主管部门发布的调价文件调整。

（4）勘察设计费计算，无。

（5）可行性研究编制费、可行性研究报告评审费，无。

（6）设备、材料价格参照国家电网公司近期同类工程设备、材料招标价及建设行政主管部门发布的信息价计列。

5.2　估算表

本项目共计投资××万元，投资估算表如下（略）。

第六部分　投 资 效 益 分 析

6.1　经济效益

本项目共计投资××万元，充换电主要为电动私家车、网约车、出租车等小型电动车辆提供快速充电服务。按照单桩日均利用率××%计算，单桩日均充电量××kWh，充电站年充电量××万 kWh。充电服务费按××元/kWh 收取，服务费年收益为××万元。

年运行维护成本、场地租赁费及相关财务费用之和按总投资××%计算，项目运营周期××年，本项目内部收益率为××%，静态投资回收期为××年。项目收益良好。

6.2　社会效益

低碳、节能是电动汽车最大的优点。电动汽车的大规模推广，将逐步替代传统的燃油汽车，可以产生巨大的节能减排效益，推进"以电代油，以电代煤，电从远方来"。电动汽车充电网络的建设可以大大减少汽车尾气的排放，可以对电动汽车的推广起到较大的推动，给社会带来了巨大的环境效益。同时在新型城市基础设施建设方面，彰显国网公司品牌和社会责任，具有重大的社会效益。

6.3 风险分析

随着近年来电动汽车保有量的逐年升高，电动汽车充电站建设符合人们的出行需求，具有良好的社会基础，电动汽车数量增长迅猛，充电市场前景可观。我国先后出台相关政策和文件鼓励电动汽车发展和充换电建设，本充电站投资项目在建设和运营的全过程中，政策方面不存在风险。

在市场方面，特来电、星星充电作为目前国内排名前列的民营充电运营商，凭借灵活的体制机制，采用自建、与其他公司合建及 BOT 模式积极介入充电市场，竞争日趋激烈。但本次项目地位于车流量集中区域，电动汽车充电需求较大，不存在设备利用率偏低风险。

此外，本项目属于清洁生产、环境友好型项目，建设符合国家发展战略整体规划和工业布局；项目建设用地为不存在与当地居民发生用地矛盾；实施单位资金调度能力强。

总体来看，本项目市场风险在可接受的范围内，总体上属于"小风险"范围。

第七部分 劳 动 安 全 卫 生

7.1 依据及规范

本工程设计执行国家规定的有关劳动安全和工业卫生的法令、标准及规定，并贯彻执行"安全第一，预防为主"的方针。设计中执行的相关设计规范有：

GB 50016—2014《建筑设计防火规范》

GB 50057—2010《建筑物防雷设计规范》

GB 50058—2014《爆炸危险环境电力装置设计规范》

GB/T 50064—2014《交流电气装置的过电压保护和绝缘配合》

GB/T 50087—2013《工业企业噪声控制设计规范》

GB 50116—2013《火灾自动报警系统设计规范》

DL 5027—2015《电力设备典型消防规程》

DL/T 5056—2007《变电站总布置设计技术规程》

7.2 防治措施

门均为外开，且采用弹簧门，当有意外事故发生时，可迅速方便地离开。

第八部分 施工条件及大件设备运输方案

8.1 施工条件

站址区域较开阔，施工材料基本有空余场地，无需外租临时场地。

8.2 大件设备运输方案

本项目无大件设备。

第九部分 附 图

（1）配电箱系统图（略）。

（2）充电区平面布置图（略）。

（3）低压电缆敷设示意图（略）。

（4）接地平面图（略）。

第二节 充换电设施用电业务办理流程

客户可通过国家电网网上营业厅、网上国网 App、国家电网 95598 微信公众号（小程序）、95598 服务热线、实体供电营业网点等渠道进行高、低压充换电设施用电报装申请。本书以吉林省的为例，其他省份在用电申请、供电方案答复、中间检查和竣工验收部分略有差异。

一、低压充电设施业扩办理流程

低压充电设施业扩流程包括业务受理、现场勘查、供电方案确定及答复、配套工程跟进、供用电合同签订、装表接电、资料归档环节，如图 3-2-1 所示。

1. 用电申请

个人或企业办理新装充电桩用电申请时，需要准备三类材料：身份证明材料、用电地址权属证明材料、车位使用权证明材料。

（1）用电人身份证明材料。

1）个人自用的充电设施需提供的材料：需提交居民身份证、军人证（现役）、护照、驾驶证、户口本、回乡证（台胞证）、外国护照、外国永久居留证（绿卡）、其他有效身份证明文书等材料复印件（其中之一）。

2）企业（机构、组织）自用或经营的充电设施需提供的材料为：需提交《营业执照》《组织机构代码证》《社团法人执照》等材料（其中之一以及法人身份证明材料）或上级单位（组建单位、主管单位等）证明文件；政府、行业主管部门批准其成立的文件；政府、行业主管部门颁发的有关证照、证明。

如经办人不是用户本人或企业、组织机构负责人，则还需要提供经办人身份证明材料及授权委托书，委托书的模板如图 3-2-2 所示。

（2）用电地址权属证明材料。

1）固定车位、自建停车库：需提交固定车位（车库）的产权证明，包括房产证、不动产证、人防车位使用证明、车位购置发票或经房管部门备案的《购房合同》等材料（其中之一），住宅小区统建车位还需提交物业公司出具的《安装充电设施同意书》，无物业公司管理的小区由业主委员会或当地居委会出具。如用电人并非停车位物权所有人，则除提交停车位物业权属证明材料外，还需提供物权所有人同意建设充电设施的证明文件。对于车位在房屋内的，则提供房屋的物业权属证明材料。

图 3-2-1 低压充电设施业扩流程

流程框：
业务受理 → 勘查确定供电方案 → 合同签订配套工程跟进 → 装表接电与送电 → 资料归档

授权委托书

国网×××供电公司

　　兹委托我单位员工_____（身份证号：　　　　　　　）为我单位的委托代理人，代表我单位办理用电报装手续工作，相关事项由委托代理人接洽办理，特此委托。

单位公章：

法人名章：

图 3-2-2　授权委托书模板

　　2）非既定车位：即在公共区域自行划定车位，包括在住宅门前自定的车位、政府部门、村委统一划定的车位、小区公共区域的非统建车位，除需提交公共区域的物业权属证明材料或政府对划定车位的批复文件外，还需提交公共区域业主（管理者）同意使用该区域并安装充电桩的证明。公共区域业主（管理者）包括：小区物管公司、业主委员会、村委、居委会、市政等。

　　车位及允许施工证明模板如图 3-2-3 所示。

车位及允许施工证明

　　申请人_____，在本小区_____地址为：_____市(县)_____路_____拥有（固定/长租）车位，车位位于本小区_____。经现场核准，同意其在该车位安装新能源电动汽车充电桩及相应电表的施工，特此证明。

证明单位盖章（公章）：

日　　期：

图 3-2-3　车位及允许施工证明模板

（3）低压非居民用电登记表。

供电公司业务受理员依据报装申请材料填写用电登记表（表2-1），包括客户基本信息、经办人信息、申请事项和确认签字项，其中，客户基本信息：产权人姓名、身份证号码、联系方式、用电地址等；经办人信息：经办人姓名、身份证号码、联系方式；申请事项明确申请容量、供电方式和发票信息。

2. 方案答复与装表接电

供电公司员工接到充电桩报装申请后到现场勘查电源点、受电工程等，确定供电方案，3个工作日内出具供电方案答复。

现场勘查应重点核查接入系统信息、计量计费信息等方面。在接入系统方面，现场勘查时应确认电源的接入点、供电电压、频率、供电容量、电源进线敷设方式、技术要求、投资界面及产权分界点、分界点开关等接入工程主要设施或装置的核心技术要求。

在计量计费方面，现场勘查时应明确计量点的设置、计量方式、计量柜（箱）等计量装置的核心技术要求；用电类别、电价说明、功率因数考核办法。

客户与供电公司对供电方案达成一致后，供电公司装表人员在2个工作日内完成装表接电。

现场安装前，应根据供电方案、设计文件确认安装条件，并提前与客户预约装表时间。采集终端、电能计量装置安装结束后，应核对装置编号、电能表起度及变比等重要信息，及时加装封印。

供电公司装表人员完成装表接电后，记录计量装置信息，将电能表资产编号、计度器类型、表库号、仓位码、位数、电能表底度、自身倍率（变比）、电流、规格型号、计量点名称录入供电公司营销应用系统，用于系统自动计费与结算。

3. 报装归档

供电公司推广应用营销档案电子化，逐步取消纸质工单，实现档案信息的自动采集、动态更新、实时传递和在线查阅。在送电后3个工作日内，收集、整理并核对归档信息和资料，形成归档资料清单。

低压充电设施业扩归档资料包括受理申请、供电方案答复和送电三个方面。其中，受理申请方面包括用电登记表、客户有效身份证明；企业、工商客户提供企业法人营业执照或营业执照；事业单位客户提供事业单位法人证书或组织机构代码证；社会团体客户提供社会团体法人证书或组织机构代码证；法人代表身份证复印件；居民客户身份证复印件；产权证明或其他证明文书。供电方案方面有供电方案答复单。送电方面包括电能计量装接单、送电单和供用电合同。

二、高压充换电设施业扩办理流程

高压充电设施业扩流程包括业务受理、现场勘查、供电方案确定及答复、配套电网工程建设、设计文件审查、中间检查、竣工检验、供用电合同签订、停（送）电计划编制、装表接电和资料归档，如图 3-2-4 所示。

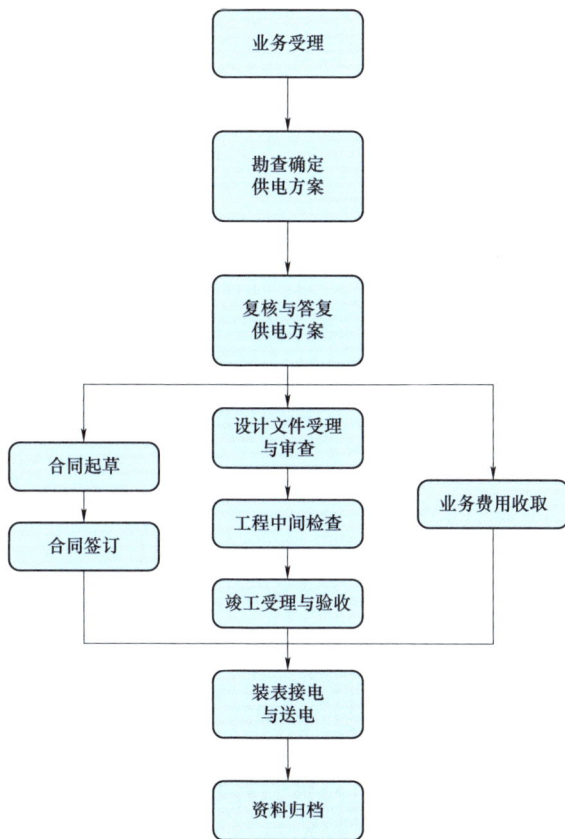

图 3-2-4 高压充电设施业扩流程

1. 用电申请

对建设运营大型换电站、充电站的客户在报装申请时，应准备有效身份证明、产权证明、主要电气设备清单等，对政府部门立项的充换电站应具备项目立项的批复、核准、备案文件等。

客户有效身份证明：包括企业、工商客户提供企业法人营业执照或营业执照；事业单位客户提供事业单位法人证书或组织机构代码证；社会团体客户提供社会团体法人证书或组织机构代码证。

企业、工商、事业单位、社会团体的申请用电委托代理人办理时，应提供授权委托书或单位介绍信，经办人有效身份证明和法人代表身份证复印件。

如申请主体是租户，则应具备房屋租赁合同（协议）、承租人有效身份证明、产权人同意承租人办理用电的证明材料。

政府的充电、换电工程应具备政府职能部门有关本项目立项的批复、核准、备案文件。

供电公司业务受理员依据报装申请材料填写集中充换电站用电登记表，完成报装工作。

2. 确定供电方案

供电公司员工接到集中充换电站报装申请后到现场核定用电类别、行业分类、用电容量、电源点、线路敷设、变压器建议类型、计量点信息等，确定供电方案，一般 10 个工作日内出具供电方案答复。

现场勘查应重点核实客户负荷性质、用电容量、用电类别等信息，结合现场供电条件，初步确定供电电源、计量、计费方案，并填写现场勘查单。勘查主要内容包括：

（1）核定用电容量，确认供电电压、用电相别、计量装置位置和接户线的路径、长度。

（2）审核客户的用电需求，确定新增用电容量、用电性质及负荷特性，初步确定供电电源、供电电压、供电容量、计量方案、计费方案等。

（3）审核客户行业范围和负荷特性，并根据客户供电可靠性的要求以及中断供电危害程度确定供电方式。

（4）核实客户名称、用电地址、电能表箱位、表位、表号、倍率等信息，检查电能计量装置和受电装置运行情况。

对现场不具备供电条件的，应在勘查意见中说明原因，并向客户做好解释工作。勘查人员发现客户现场存在违约用电、窃电嫌疑等异常情况，应做好记录，及时报相关责任部门处理，并暂缓办理该客户用电业务。在违约用电、窃电嫌疑排查处理完毕后，重新启动业扩报装流程。

依据供电方案编制有关规定和技术标准要求，结合现场勘查结果、电网规划、用电需求及当地供电条件等因素，经过技术经济比较、与客户协商一致后，拟订供电方案。方案包含客户用电申请概况、接入系统方案、受电系统方案、计量计费方案、其他事项 5 部分内容：

（1）用电申请概况：户名、用电地址、用电容量、行业分类、负荷特性及分级、保安负荷容量、电力用户重要性等级。

（2）接入系统方案：各路供电电源的接入点、供电电压、频率、供电容量、电源进线敷设方式、技术要求、投资界面及产权分界点、分界点开关等接入工程主要设施或装置的核心技术要求。

（3）受电系统方案：用户电气主接线及运行方式，受电装置容量及电气参数配置要求；无功补偿配置、自备应急电源及非电性质保安措施配置要求；谐波治理、调度通信、继电保护及自动化装置要求；配电站房选址要求；变压器、进线柜、保护等一、二次主要设备或装置的核心技术要求。

（4）计量计费方案：计量点的设置、计量方式、用电信息采集终端安装方案，计量柜（箱）等计量装置的核心技术要求；用电类别、电价说明、功率因数考核办法、线路或变压器损耗分摊办法。

（5）其他事项：明确供电方案有效期，供用电双方的责任义务，特别是取消设计文件审查和中间检查后，用电人应履行的义务和承担的责任（包括自行组织设计、施工的注意事项，竣工验收的要求等内容），其他需说明的事宜及后续环节办理有关告知事项。

对于具有非线性、不对称、冲击性负荷等可能影响供电质量或电网安全运行的客户，应书面告知其委托有资质单位开展电能质量评估，并在设计文件审查时提交初步治理技术方案。

高压供电方案有效期 1 年，低压供电方案有效期 3 个月。若需变更供电方案，应履行相关审查程序，其中，对于客户需求变化造成供电方案变更的，应书面告知客户重新办理用电申请手续；对于电网原因造成供电方案变更的，应与客户沟通协商，重新确定供电方案后答复客户。

3. 设计文件审查和中间检查

充电站和换电站属于高次谐波、波动负荷，具有一定的冲击性，供电公司开展设计文件审查和中间检查，实行设计单位资质、施工图纸与竣工资料合并报送。

受理客户设计文件审查申请时，应查验设计单位资质等级证书复印件和设计图纸及说明（设计单位盖章），重点审核设计单位资质是否符合国家相关规定。

如资料欠缺或不完整，应告知客户补充完善。

严格按照国家、行业技术标准以及供电方案要求，开展重要或特殊负荷客户设计文件审查，审查意见应一次性书面答复客户。重点包括：

（1）主要电气设备技术参数、主接线方式、运行方式、线缆规格应满足供电方案要求；通信、继电保护及自动化装置设置应符合有关规程；电能计量和用电信息采集装置的配置应符合《电能计量装置技术管理规程》、国家电网公司智能电能表以及用电信息采集系统相关技术标准。

（2）审查供电电源配置、自备应急电源及非电性质保安措施等，应满足有关规程、规定的要求。

（3）审核谐波负序治理装置及预留空间，电能质量监测装置是否满足有关规程、规定要求。

设计文件审查合格后，应填写客户受电工程设计文件审查意见，并在审核通过的设计文件上加盖图纸审核专用章，告知客户下一环节需要注意的事项：

（1）因客户原因需变更设计的，应填写《客户受电工程变更设计申请联系单》，将变更后的设计文件再次送审，通过审核后方可实施。

（2）承揽受电工程施工的单位应具备政府部门颁发的相应资质的承装（修、试）电力设施许可证。

（3）工程施工应依据审核通过的图纸进行。隐蔽工程掩埋或封闭前，须报供电企业进行中间检查。

（4）受电工程竣工报验前，应向供电企业提供进线继电保护定值计算相关资料。

受理客户中间检查报验申请（受电工程中间检查报验单）后，应及时组织开展中间检查。发现缺陷的，应一次性书面通知客户整改，复验合格后方可继续施工。

（1）现场检查前，应提前与客户预约时间，告知检查项目和应配合的工作。

（2）现场检查时，应查验施工企业、试验单位是否符合相关资质要求，重点检查涉及电网安全的隐蔽工程施工工艺、计量相关设备选型等项目。

（3）对检查发现的问题，应以书面形式一次性告知客户整改。客户整改完毕后报请供电企业复验，复验合格后方可继续施工。

（4）中间检查合格后，以受电工程中间检查意见书面通知客户。

（5）对未实施中间检查的隐蔽工程，应书面向客户提出返工要求。

4. 竣工检验

供电公司推行简化竣工检验内容，重点查验可能影响电网安全运行的接网设备和涉网保护装置，取消客户内部非涉网设备施工质量、运行规章制度、安全措施等竣工检验内容；优化客户报验资料，普通客户实行设计、竣工资料合并报验，一次性提交。

竣工检验分为资料查验和现场查验。

（1）资料查验：在受理客户竣工报验申请时，应审核客户提交的材料是否齐全有效。主要包括：① 高压客户竣工报验申请表；② 设计、施工、试验单位资质证书复印件；③ 工程竣工图及说明；④ 电气试验及保护整定调试记录，主要设备的型式试验报告。

（2）现场查验：应与客户预约检验时间，组织开展竣工检验。按照国家、行业标准、规程和客户竣工报验资料，对受电工程涉网部分进行全面检验。对于发现缺陷的，应以受电工程竣工检验意见单的形式，一次性告知客户，复验合格后方可接电。查验内容包括：

1）电源接入方式、受电容量、电气主接线、运行方式、无功补偿、自备电源、计量配置、保护配置等是否符合供电方案；

2）电气设备是否符合国家的政策法规，以及国家、行业等技术标准，是否存在使用国家明令禁止的电气产品；

3）试验项目是否齐全、结论是否合格；

4）计量装置配置和接线是否符合计量规程要求，用电信息采集及负荷控制装置是否配置齐全，是否符合技术规范要求；

5）冲击负荷、非对称负荷及谐波源设备是否采取有效的治理措施；

6）双（多）路电源闭锁装置是否可靠，自备电源管理是否完善、单独接地、投切装置是否符合要求；

7）重要电力用户保安电源容量、切换时间是否满足保安负荷用电需求，非电保安措施及应急预案是否完整有效；

8）供电企业认为必要的其他资料或记录。

（3）竣工检验合格后，应根据现场情况最终核定计费方案和计量方案，记录资产的产权归属信息，告知客户检查结果，并及时办结受电装置接入系统运行的相关手续。

5. 装表接电

供电公司电能计量装置和用电信息采集终端的安装应与客户受电工程施工

同步进行，送电前完成。

（1）现场安装前，应根据供电方案、设计文件确认安装条件，并提前与客户预约装表时间。

（2）采集终端、电能计量装置安装结束后，应核对装置编号、电能表起度及变比等重要信息，及时加装封印，记录现场安装信息、计量印证使用信息。

工程完成后，供电公司与用户约定送电时间，对于已确定送电时间，因客户原因未实施送电的项目，供电公司工作人员与客户确定接电时间调整安排，重新报送送电计划；因天气等不可抗因素，未按计划实施的项目，若电网运行方式没有发生重大调整，可按原计划顺延执行。

正式接电前，应完成接电条件审核，并对全部电气设备做外观检查，确认已拆除所有临时电源，并对二次回路进行联动试验，抄录电能表编号、主要铭牌参数、起度数等信息，填写电能计量装接单并请客户签字确认。

接电条件包括：启动送电方案已审定，新建的供电工程已验收合格，客户的受电工程已竣工检验合格，供用电合同及相关协议已签订，业务相关费用已结清。

接电后应检查采集终端、电能计量装置运行是否正常，会同客户现场抄录电能表示数，记录送电时间、变压器启用时间等相关信息，依据现场实际情况填写新装（增容）送电单并请客户签字确认。

6. 报装资料归档

供电公司推广应用营销档案电子化，逐步取消纸质工单，实现档案信息的自动采集、动态更新、实时传递和在线查阅。在送电后收集、整理并核对归档信息和资料，形成归档资料清单。

（1）档案资料应保留原件，确不能保留原件的，保留与原件核对无误的复印件。供电方案答复单、供用电合同及相关协议必须保留原件。

（2）档案资料应重点核实有关签章是否真实、齐全，资料填写是否完整、清晰。

（3）各类档案资料应满足归档资料要求。档案资料相关信息不完整、不规范、不一致的，应退还给相应业务环节补充完善。

（4）业务人员应建立客户档案台账并统一编号建立索引。

高压充电设施业扩归档资料包括受理申请、供电方案答复、受电工程设计审查、受电工程中检查、竣工检验和送电六个方面。

　　受理申请方面包括用电登记表、客户有效身份证明；企业、工商客户提供企业法人营业执照或营业执照；事业单位客户提供事业单位法人证书或组织机构代码证；社会团体客户提供社会团体法人证书或组织机构代码证；法人代表身份证复印件；居民客户身份证复印件；产权证明或其他证明文书。

　　供电方案方面包括现场勘查单和供电方案答复单。

　　受电工程设计审查方面包括设计资质证书复印件、客户受电工程设计资质查验意见单、客户受电工程设计文件送审单、客户受电工程设计文件审查意见单、设计图纸文件。

　　受电工程中检查及竣工检验方面包括承装（修、试）电力设施许可证复印件、客户受电工程施工资质查验意见单、客户受电工程中间检查报验单、客户受电工程中间检查意见单、客户受电工程竣工报验单、竣工资料（包含竣工图纸、电气设备出厂合格证书、电气设备交接试验记录、试验单位资质证明）、客户受电工程竣工检验意见单、电能计量装接单。

附件 3-2-1：

业扩办理流程的登记表

用 电 登 记 表

客 户 基 本 信 息					
户　　名			户号		（档案标识二维码）
证件名称		证件号码			
用电地址					
电子邮箱			邮编		
法人代表		身份证号			
固定电话		移动电话			
经办人信息					
经 办 人		身份证号			
固定电话		移动电话			

申 请 事 项		
业务类型	新装 ☑　　增容 □　　临时用电 □	
申请容量	kW	供电方式
需要增值税发票	是 □　　否 □	

增值税 发票资料	增值税户名	纳税地址	联系电话
	纳税证号	开户银行	银行账号

告 知 事 项

贵户根据供电可靠性需求，可申请备用电源、自备发电设备或自行采取非电保安措施

服 务 确 认

特别说明：
　　本人（单位）已对本表信息进行确认并核对无误，同时承诺提供的各项资料真实、合法、有效。

经办人签名（单位盖章）：_____

年　　月　　日

供电企业 填写	受理人：	申请编号：
	受理日期：　　年　　月　　日	

附件 3-2-2：

业扩办理流程的登记表

低压供电方案答复单

客户基本信息					
户　　名				申请编号	
用电地址					
用电类别		行业分类			
拟定客户分级		供电容量		用户编号	
联 系 人		联系电话			

营 业 费 用				
费用名称	单价	数量（容量）	应收金额（元）	收费依据

供 电 方 案

依据国家有关政策、客户用电需求以及供电条件，经供用电双方协商一致，确定供电方案如下：

□受电工程具备供电条件，供电方案详见正文。

□受电工程不具备供电条件，主要原因是_____，待具备供电条件时另行答复。

本供电方案有效期自客户签收之日起一年内有效。如遇有特殊情况，需延长供电方案有效期的，客户应在有效期到期前十天向供电企业提出申请，供电企业视情况予以办理延长手续。客户可委托有资质的电气设计、承装单位进行设计和施工，并应在竣工报验前交清上述营业费用

附件 3-2-3：

业扩办理流程的登记表

低压电能计量装接单

客户基本信息										
户　号				申请编号					（档案标识二维码，系统自动生成）	
户　名										
用电地址										
联系人			联系电话			供电电压				
合同容量			计量方式			接线方式				
装拆计量装置信息										
装/拆	资产编号	计度器类型	表库，仓位码	位数	底度	自身倍率（变比）	电流	规格型号	计量点名称	
流程摘要				备注			表计、计量箱（柜）已加封，电能表存度本人已经确认			
							客户签章：　　　　　年　月　日			
装接人员				装接日期			年　月　日			

附件 3-2-4：

业扩办理流程的登记表

集中充换电站用电登记表

客户基本信息					
户 名			户 号		
证件名称			证件号码		
行 业			重要客户	是 □ 否 □	
用电地址	道路 小区 组团（片区）				
通信地址				邮编	
电子邮箱					
法人代表		身份证号			
固定电话		移动电话			
客户经办人资料					
经 办 人		身份证号			
固定电话		移动电话			
用电需求信息					
业务类型	新装 □ 增容 □ 临时用电 □				
用电类别	工业□ 非工业 □ 商业 □ 农业 □ 其他 □				
第一路电源容量	kW	原有容量： kVA		申请容量： kVA	
第二路电源容量	kW	原有容量： kVA		申请容量： kVA	
自备电源	有 □ 无 □	容量： kW			
需要增值税发票	是 □ 否 □	非 线 性 负 荷		有 □ 无 □	

特别说明：

本人（单位）已对本表及附件中的信息进行确认并核对无误，同时承诺提供的各项资料真实、合法、有效。

经办人签名（单位盖章）：＿＿＿＿＿＿

供电 企业填写	受理人：	申请编号：
	受理日期： 年 月 日	供电企业（盖章）：

附件 3-2-5：

业扩办理流程的登记表

高压现场勘查单

客户基本信息				
户　　号		申请编号		（档案标识二维码，系统自动生成）
户　　名				
联 系 人		联系电话		
客户地址				
申请备注				
意向接电时间			年　　月　　日	

现场勘查人员核定	
申请用电类别	核定情况：是 □　否 □＿＿＿＿＿＿＿＿
申请行业分类	核定情况：是 □　否 □＿＿＿＿＿＿＿＿
申请用电容量	核定用电容量
供电电压	
接入点信息	例：电源取自××变电站＿＿＿＿＿＿＿＿＿＿＿＿＿＿＿＿包括电源点信息、线路敷设方式及路径、电气设备相关情况
受电点信息	例：＿＿＿＿＿＿＿＿［包括变压器容量、建设类型、变压器建议类型（杆上/室内/箱变油变/干变）]
计量点信息	例：高压计量柜安装：三相三线智能表 1 块，变比为 10000/100 的电压互感器 2 台；变比为 40/5 的电流互感器 2 台；负控终端 1 台，包括计量装置配置、安装位置
备注	

供电简图：

勘查人（签名）		勘查日期	

附件 3-2-6：

业扩办理流程的登记表

高压供电方案答复单

客户基本信息				
户　　号		申请编号		（档案标识二维码，系统自动生成）
户　　名				
用电地址				
用电类别		行业分类		
拟订客户分级		供电容量		
联系人		联系电话		

营 业 费 用				
费用名称	单价	数量（容量）	应收金额（元）	收费依据

告 知 事 项

依据国家有关政策、贵户用电需求以及当地供电条件，经双方协商一致，现将贵户供电方案答复如下：

□受电工程具备供电条件，供电方案详见正文。

□受电工程不具备供电条件，主要原因是＿＿＿＿＿＿＿＿＿＿＿＿＿＿＿＿＿＿，待具备供电条件时另行答复。

本供电方案有效期自客户签收之日起一年内有效。如遇有特殊情况，需延长供电方案有效期的，客户应在有效期到期前十天向供电企业提出申请，供电企业视情况予以办理延长手续。

贵户接到本通知后，即可委托有资质的电气设计、承装单位进行设计和施工。

请贵户在竣工报验前交清上述营业费用。

客户签名（单位盖章）：　　　　　　　　　　供电企业（盖章）：

　年　　月　　日　　　　　　　　　　年　　月　　日（系统自动生成）

一、客户接入系统方案

1. 供电电源情况

供电企业向客户提供____三相交流 50Hz 电源。

（1）电源。

电源性质：_____   电源类型：_____

供电电压：_____   供电容量：_____

供电电源接电点：_____。

产权分界点：_____分界点电源侧产权属供电企业，分界点负荷侧产权属客户。

进出线路敷设方式及路径：_____具体路径和敷设方式以设计勘察结果以及政府规划部门最终批复为准。

二、客户受电系统方案

（1）受电点建设类型：采用_____方式。

（2）受电容量：_____。

（3）电气主接线：采用_____方式。

（4）运行方式：_____，电源联锁采用_____方式。

（5）无功补偿：按无功电力就地平衡的原则，按照国家标准、电力行业标准等规定设计并合理装设无功补偿设备。本期_____补偿设备宜采用自动投切方式，防止无功倒送，在高峰负荷时的功率因数不宜低于_____。

（6）继电保护：宜采用数字式继电保护装置，电源进线采用_____保护。

（7）调度、通信及的自动化：与_____建立调度关系，_____。

（8）自备应急电源及非电保安措施：客户对重要保安负荷配备足额容量的自备应急电源及非电性质保安措施，自备应急电源容量应不少于保安负荷的1%，自备应急电源与电网电源之间应设可靠的电气或机械闭锁装置，防止倒送电；非电性质保安措施应符合生产特点，负荷性质，满足无电情况下保证客户安全的需求。

（9）电能质量要求：

1）存在非线性负荷设备_____接入电网，应委托有资质的机构出具电能质量评估报告，并提交初步治理技术方案。

2）用电负荷注入公用电网连接点的谐波电压限值及谐波电流允许值应符合《电能质量　公用电网谐波》（GB/T 14549）国家标准的限值。

3）冲击性负荷产生的电压波动允许值，应符合《电能质量　电压波动和闪变》（GB/T 12326）国家标准的限值。

三、计量计费方案

（1）计量点设置及计量方式：

计量点 1：计量装置装设在，_____计量方式为_____，接线方式为_____（智能表），计量点电压_____V。

电压互感器变比为_____、准确度等级为_____级；

电流互感器变比为_____准确度等级为_____级；

电价类别为：_____；

定量定比为：_____处，计量方式为_____，接线方式为_____，计量点电压_____。

（2）用电信息采集终端安装方案：_____，终端装设于_____处，用于远程监控及电量数据采集。

（3）功率因数考核标准：根据国家《功率因数调整电费办法》的规定，功率因数调整电费的考核标准为_____。

根据政府主管部门批准的电价（包括国家规定的随电价征收的有关费用）执行，如发生电价按变压器容量收取临时接电费。和其他收费项目费率调整，按政府有关电价调整文件执行。

四、其他事项

略。

五、接线简图

略。

附件 3-2-7：

业扩办理流程的登记表

客户受电工程设计文件送审单

客户基本信息				
户　　号				（档案标识二维码，系统自动生成）
户　　名				
联 系 人		联系电话		
设计单位信息				
设计单位		设计资质		
联 系 人		联系电话		
送 审 信 息				

有关说明：

意向接电时间	年　　月　　日

我户受电工程设计文件已完成，请予审核。

客户签名：＿＿＿＿＿＿

供电企业填写	受理人：
	受理日期：　　　年　　月　　日　　（系统自动生成）

附件 3-2-8:

业扩办理流程的登记表

客户受电工程设计文件审查意见单

户　　号		申请编号		（档案标识二维码， 系统自动生成）
户　　名				
用电地址				
联 系 人		联系电话		

审查意见（可附页）:

供电企业（盖章）:

客户经理		审图日期	年　　月　　日
主　　管		批准日期	年　　月　　日
客户签收		签收日期	年　　月　　日
其他说明	特别提醒：用户一旦发生变更，必须重新送审，否则供电企业将不予检验和接电		

附件 3−2−9：

业扩办理流程的登记表

客户受电工程中间检查报验单

客户基本信息				
户　　号		申请编号		（档案标识二维码，系统自动生成）
户　　名				
用电地址				
联系人		联系电话		
报验信息				

有关说明：

意向接电时间	年　　　月　　　日

供电企业填写	受理人：
	受理日期：　　　　年　　　月　　　日（系统自动生成）

附件 3−2−10：

业扩办理流程的登记表

客户受电工程中间检查意见单

户　　号		申请编号		（档案标识二维码， 系统自动生成）
户　　名				
用电地址				
联 系 人		联系电话		

现场检查意见（可附页）：

供电企业（盖章）：

检查人		检查日期	年　　月　　日
客户签收		签收日期	年　　月　　日

附件 3-2-11:

业扩办理流程的登记表

客户受电工程竣工报验单

客户基本信息				（档案标识二维码，系统自动生成）
户　　号		申请编号		
户　　名				
用电地址				
联 系 人		联系电话		
施工单位信息				
施工单位		施工资质		
联 系 人		联系电话		
报 验 信 息				

有关说明:

意向接电时间	年　　　月　　　日

我户受电工程已竣工，请予检查。

客户签名:

供电企业填写	受理人:	
	受理日期:	年　　月　　日　（系统自动生成）

附件 3-2-12：

业扩办理流程的登记表

客户受电工程竣工检验意见单

户　　号		申请编号		（档案标识二维码，系统自动生成）
户　　名				
用电地址				
联 系 人		联系电话		

资料检验	检验结果（合格打"√"，不合格填写不合格具体内容）
高压设备型式试验报告	
低压设备 3C 认证书	
值班人员名单及相应资格	
安全工器具清单及试验报告	
运行管理制度	

现场检验意见（可附页）：

供电企业（盖章）：

检验人		检验日期	年　　月　　日（系统自动生成）
客户签收		签收日期	年　　月　　日

附件 3-2-13：

业扩办理流程的登记表

高压电能计量装接单

客户基本信息										
户　　号				申请编号				（档案标识二维码，系统自动生成）		
户　　名										
用电地址										
联 系 人		联系电话			供电电压					
合同容量		计量方式			接线方式					
装拆计量装置信息										
装/拆	资产编号	计度器类型	表库.仓位码	位数	底度	自身倍率（变比）	电流	规格型号	计量点名称	
流程摘要			备注				客户签章： 年　月　日			
装接人员				装接日期			年　月　日			

附件 3-2-14：

业扩办理流程的登记表

新 装 送 电 单

户　　号		申请编号		
户　　名				（档案标识二维码，系统自动生成）
用电地址				
联 系 人		联系电话		
申请容量		合计容量		

电源编号	电源性质	电源类型	供电电压	变电站	线路	杆号	变压器台数	变压器容量

送电结果和意见：

送电人		送电日期	年　月　日

客户意见：

客户签收		签收日期	年　月　日

7. 供电企业人员日常检查

（1）用电检查范围。

供电企业人员用电检查的主要范围是用户受电装置，但被检查的用户有下列情况之一者，检查的范围可延伸至相应目标所在处。

1）有多类电价的。

2）有二次变压配电的。

3）有违章现象需延伸检查的。

4）有影响电能质量的用电设备的。

5）发生影响电力系统事故需作调查的。

6）有自备电源设备（包括自备发电厂）的。

7）用户要求帮助检查的。

8）法律规定的其他用电检查。

（2）用电设备的检查。

1）电缆线路和桥架。检查对高、低压电缆电路，应查看桥架是否扣整严实，防鼠封堵是否牢固，高低压电缆桥架应完好无破损，发现异常应及时处理并作好记录。检查地下室配电房进线桥架电缆有无渗水现象。查看电缆井沟内有无积水和污物，如有应及时排干积水清除污物。查看井沟内的电缆、电缆头应完整清洁，接地线良好，无发热破裂现象。查看外路电缆的外皮是否完整，支撑是否牢固。

2）高压柜、高压环网柜。查看开关柜屏上指示灯、带电显示器指示应正常，操作方式选择开关、机械操作把手投切位置应正确，控制电源及电压回路电源分合闸指示正确；分、合闸位置指示器与实际运行方式相符；屏面表计、继电器工作应正常，无异声、异味及过热现象，操作方式切换开关正常在"远控"位置；柜内照明正常，通过观察窗观察柜内设备应正常；绝缘子应完好，无破损；柜内应无放电声、异味和不均匀的机械噪声，柜体温升正常；柜体、母线槽应无过热、变形、下沉，各封闭板螺丝应齐全，无松动、锈蚀，接地应牢固；真空断路器灭弧室应无漏气，灭弧室内屏蔽罩如为玻璃材料的表面应呈金黄色光泽，无氧化发黑迹象；SF_6断路器气体压力应正常；瓷质部分及绝缘隔板应完好，无闪络放电痕迹，接头及断路器无发热，对于无法直接进行测温的封闭式开关柜，巡视时可用手触摸各开关柜的柜体，以确认开关柜是否发热；断路器操作结构应完好，直流接触器有无积尘，二次端子有无锈蚀；接地牢固可靠，封闭性能及防小动物设施应完好。

3）变压器检查。变压器温度是否正常，温控器完好，温度报警值在 140℃，超温跳闸值在 150℃，自动起风机值在 90℃，自动停风机值在 80℃。器身及高低压接线端有无发热变色迹象，有无异常响声和气味。外观无破损、无震动。各连接导线、母排温升正常。

4）低压配电柜的检查。查看主电路（铜排母线）、分路的刀开关、断路器连接部位固定螺丝，与仪表指示是否对应。输出线路中各部位连接点有无过热变色等现象。在运行中三相负荷是否平衡、三相电压是否相同，检查车间负载电压降是否超出规定；各配电柜和电器内部，有无异声、异味；带灭弧罩的断路器，三相灭弧罩是否完整无缺；检查断路器、电磁铁芯吸合是否正常，有无线圈过热或噪声过大；母线绝缘夹有无损伤和歪斜，母线夹固定螺丝有无松脱；配电柜电器的表面是否清洁，接地连接是否正常良好；配电房各处门、窗是否完好，配电柜上门是否完整，雨天屋顶有无渗漏水现象。

（3）用电档案资料检查。

档案资料检查：主要检查客户的运行制度、运行规程、设备台账、缺陷记录、典型操作票等资料是否规范齐全。值班电工的资质检查。值班电工应取得相应等级的《电工进网作业许可证》。

第四章

充换电设施的运行与维护

第一节　充换电设施的运行管理

随着电动汽车充换电设施的快速发展，大量的充换电设施投入运行，为保证充换电设施安全稳定运行，规范相关工作人员的操作，针对其运行管理、维护与检修等方面制定了一系列管理办法。

一、运行值班及交接班管理

为保障充换电站稳定运行，及时发现安全隐患及故障，第一时间处理完善，在运行过程中设置运行值班管理制度，值班人员在轮值期内，主要负责巡视检查、充换电服务及运行监控等工作，到达指定时间，与下阶段值班人员进行交接班。

交接班人员在值班期间不得擅自离开岗位，一般在交接班规定的时间进行交接，交接时履行交接班手续。但需要注意的是，在交接班时间段内，如发生的突发事件并未处理，或是事故或突发事件正在发生，应立即停止交接，未办理交接手续前应由交班的人员负责处理，处理完后在履行交接班手续，为事故及突发事件的妥善处理提供基础保障。

交接班人员针对充换电设施的运行情况进行交接，交接过程中，接班人员需对设备运行情况进行充分的了解，如果对交接内容和记录有不理解之处，应及时询问了解，交接双方应相互配合，对设备设施及相关资料等进行当面检查与交接，确认无误后进行交接签字。交接形式及内容见表 4-1-1。

表 4-1-1　　　　　　　　　　　　交 接 形 式 及 内 容

交接班的形式	交接班的内容
现场交接；实物交接；对口交接；图板交接	1）设备检修、试验情况，设备异常运行和缺陷、事故处理情况； 2）记录、资料、图纸收存保管情况； 3）安全工器具、仪器仪表及备品备件使用情况； 4）其他事项。

二、巡视检查

根据 NB/T 33019—2021《电动汽车充换电设施运行管理规范》，按照巡查的场景不同，将充换电站的巡视检查分为正常巡视及特殊巡视。正常巡视主要是在日常运行场景下，按计划对充电站进行定期的巡查，以掌握充换电设备设施的运行状况、判断是否存在运行环境变化，及时发现设备缺陷以及威胁充换电设施安全运行的因素。特殊巡视则是在可能出现外力破坏、突遇恶劣气象条件、安排重要保电任务、存在设备带缺陷运行或其他特殊情况下，对充换电设施的进行全部或者部分巡视，以排除突发的异常状况，维护充换电站安全稳定运行。本书将以吉林省内常见的典型充换电站为例，分别对充电设施和换电设施的两种巡视方式进行介绍。

巡视的通用要求见表 4-1-2。

表 4-1-2　　　　　　　　　　　　巡 视 的 通 用 要 求

项目	相关要求
巡视人员要求	巡视人员需具备低压电工作业资质
	巡视工作如需驾驶车辆需持有车辆行驶证
	巡视人员需了解充电桩设备基本工作原理，应由技术服务部培训并考核合格
巡视业务安全管理要求	巡视时必须按《安全工器具使用规定》穿戴绝缘鞋及低压绝缘手套等，夜间巡视应携带足够的照明用具并佩戴发光警告装置
	极端恶劣天气等情况应在确保安全的前提下进行巡视，雷电、降雪气象情况下禁止巡视
	无论充电设备是否带电，巡视人员须经过验电后才能开启箱（柜）门，同时禁止触碰设备内线路、器件裸露导体部位

1. 正常巡视

对已投运的充换电站点根据其级别的不同，可按照日、周、月三种不同周期进行有计划的巡视工作。

为规范巡视，充电站点应制定《巡视标准化作业指导书》，巡视员需严格按照指导书开展现场巡视工作，对充电设备实施的工作情况，设备设施的运行环境，站内安防及紧急事故处理措施等方面进行检查，记录相应运行数据，及时发现设备缺陷故障，做好巡视记录。巡视过程中如遇事故，按照事故应急处理预案进行及时处理，并在巡视工作结束后，对当天巡视工作完成情况进行小结及分析，查缺补漏，形成记录并存档。

充电站的正常巡视，巡视范围覆盖充电桩、配电设施、通信及监控设备以及附属设施。

充电桩体是充电站的核心设备，日常巡视可从软件方面和硬件方面着手进行检查，内容包含但不限于表 4-1-3。

表 4-1-3　　　　　　　　充电桩巡视项目

项目	子项	检查内容
硬件部分	充电桩柜体	1）充电桩、整流柜柜体有无锈蚀、变形，金属部位有无锈蚀； 2）充电桩各部件连接点接触是否完好，有无放电声，有无过热变色、烧熔现象； 3）接地装置是否良好，接地体有无外露、锈蚀，接地线和接地体的连接是否可靠，接地线是否丢失、破损。
	充电设施柜门	柜门有无损坏，围栏、门锁是否完好
	充电连接枪线	1）是否接触良好、接头有无过热，接触锁止机构是否完好，充电枪是否正常归位； 2）充电枪头是否完好，内部没有异物或积水、极柱清净、无拉弧现象，锁止机构有效。
	显示器	显示屏可正常工作，无花屏、死屏，无触点不灵敏现象
	充电机柜内	1）充电模块有无缺失、变形、锈蚀、破损、过温现象，输出功率是否正常； 2）充电控制器是否正常，有无松动、脱落、缺失现象； 3）风机是否正常，紧固是否牢靠； 4）充电机柜内布线是否整齐、美观，线缆标签是否齐全、正确。
	防尘网	防尘网是否清洁，通风是否良好
	功能按键	急停按钮功能是否正常，护板是否完好
	铭牌及标识	铭牌及标识标示是否齐全、清晰、正确，位置是否合适、安装是否牢固
软件部分	程序版本	充电桩程序版本是否正确，计费模型是否正确
	充电方式	充电桩充电方式是否满足需求，充电功能是否正常
	信息一致性	充电站点现场信息与 e 充电 App 中信息是否一致，包括充电桩位置、数量、状态、充电价格、停车费及对外开放时间等

充电桩发生接地不良，或者内部接线不牢固的情况下，如发生虚接、短路、断路等情况，则会在运行时发出异常声音。检查时注意检测箱体外壳是否带电，如桩体外壳带电或有输出，需及时断电张贴设备维护信息并及时报修。

充电站内的充电设备柜体应有提示信息，包含产品标识及报修电话，方便检查及维修，见表4-1-4。产品标识应内容完整，正确安装在设备上之后，从外部直接可见，或者操作人员不需要工具即可打开后直接可见，产品标识不应安在操作人员不需要工具即可拆除的部件上。

表4-1-4　　　　　　　　　　产品标识内容

产品标识	公司名称、简称、商标或可识别制造商的独特标识
	设备编号、产品型号
	序列号或生产批次号
	生产日期
	额定输出电压或额定输出电流
	额定输入交流或直流

站内配电设施的检查主要围绕配电柜体、变压器等方面开展，巡视项目包含但不限于表4-1-5的内容。

表4-1-5　　　　　　　　　　配电设施巡视项目

项目	子项	检查内容
配电柜	配电柜体	1）设备的各部件连接点接触是否完好，有无放电声，有无过热变色、烧熔现象； 2）设备有无凝露，加热器、除湿装置是否处于良好状态； 3）接地装置是否良好，接地体有无外露、锈蚀，接地线和接地体的连接是否可靠，接地线是否丢失、破损。
	控制与显示功能	控制开关与指示器是否在对应位置，带电显示器是否正常
	计量与保护功能	各种仪表、保护装置、信号装置、无功补偿装置是否正常
	铭牌及标识	铭牌及标识标示是否齐全、清晰、正确，位置是否合适、安装是否牢固
	管沟封堵	进出管沟封堵是否良好，防小动物设施是否完好
变压器	运行状态	无异常声音，是否存在超载、重载现象

通信及监控系统主要实现对充电设备、配电设备及站内安防情况的实施检测，同时为网络调度管理等提供良好的数据接口，对其相关的设备检查内容包含但不限于表4-1-6的内容。

表4-1-6　　　　　　　　　　通信及监控系统巡视项目

项目	子项	检查内容
通信设备	设施柜体	1）通信设施柜体有无锈蚀、变形、破损； 2）通信设施各部件连接点接触是否完好，有无放电声，有过热变色、烧熔现象； 3）接地装置是否良好，接地体有无外露、锈蚀，接地线和接地体的连接是否可靠，接地线是否丢失、破损。
通信设备	指示功能	各指示灯是否正常，有无告警信号
通信设备	通信柜内	1）服务器、交换机电源是否正常，线缆有无老化； 2）通信柜内布线是否整齐、美观，线缆标签是否齐全； 3）硬盘录像机录像、存储功能，交换机运行是否正常。
通信设备	运行环境	通信设备通风、散热等运行环境是否良好
监控设施	运行状态	是否运行正常，有无异常信号，本地实时视频和录像功能是否正常

对充电站内附属设施巡视时，注意检查照明设施，车辆限位标识是否完好，此外，还要重点查看消防设施、设备基础及防水防火通风等方面。

为营造良好的充电环境，充电站内环境应保持整洁无杂物，并设有清扫记录，保证有人清扫，保持场站地面整洁、无杂物、垃圾、易燃易爆物堆积，遇雨雪天气要及时清理积水、结冰。充电站设备基础状况如有问题，如发现地面、顶棚有无开裂、积水等情况，充电区域的地面如有塌陷或裂纹现象，要进行及时上报，此外，充电区无充电任务时，不应停有无关车辆，充电站周围不得进行威胁安全运行的施工作业。

充电站设施的充、换、储、放电场所，以及监控室、通信机房、消防机房、配电室属于重点防火部位，应建立岗位防火责任制、消防管理制度和消防措施，并制定灭火方案，做到定点、定人、定任务。防火重点部位或场所应有明显标志，并在指定的地方悬挂特定的牌子，其主要内容是防火重点部位或场所的名称及防火责任人姓名。充电站应设置灭火剂，灭火剂的选用应能提高灭火的有效性、降低对设备和人员的影响。此外，充电站内还应设置消防砂坑（库），并保持消防用砂的充足和干燥。对电缆进入建筑物内的入口处，以及电缆在穿越

各房间隔墙、楼板的孔洞应用防火封堵材进行封堵。

　　换电设施正常巡视，电池更换站正常巡视检查主要围绕供配电装置、充电装置、电池更换装置、通信及监控系统、环境及附属设施进行检查，包括但不限于表4-1-7的内容。

表4-1-7　　　　　　　　　换电设施巡视项目

项目	子项	检查内容
供配电装置	配电柜	1）设备的各部件连接点接触是否完好，有无放电声，有无过热变色、烧熔现象； 2）设备有无凝露，加热器、除湿装置是否处于良好状态； 3）接地装置是否良好，接地体有无外露、锈蚀，接地线和接地体的连接是否可靠，接地线是否丢失、破损。
		控制开关与指示器是否在对应位置，带电显示器是否正常
		各种仪表、保护装置、信号装置、无功补偿装置是否正常
		铭牌及标识标示是否齐全、清晰、正确，位置是否合适、安装是否牢固
		进出管沟封堵是否良好，防小动物设施是否完好
	变压器	无异常声音，是否存在超载、重载现象
充电装置	充电机	1）充电机电源模块是否正常，有无失电现象，充电架指示灯是否正常； 2）接地装置是否良好，有无严重锈蚀、损坏。
电池更换装置	换电设施	1）换电机器人升降电机、行走电机是否正常； 2）换电机器人外部是否清洁，警灯及补光灯是否正常工作； 3）伺服电机是否正常运行，有无锈蚀、渗油、漏雨现象； 4）工控机是否正常运行，有无严重发热、频繁死机或自动重启现象。
	电池及电池箱	1）电池箱外观是否清洁，外壳有无锈蚀、变形、破损； 2）动力电池是否渗液、老化、鼓肚，电压是否正常，绝缘监察装置是否正常，动力电池运行是否正常，有无直流接地现象； 3）电池箱固定螺丝是否松动。
通信及监控系统	通信设备	1）通信设施柜体有无锈蚀、变形、破损； 2）通信设施各部件连接点接触是否完好，有无放电声，有无过热变色、烧熔现象； 3）接地装置是否良好，接地体有无外露、锈蚀，接地线和接地体的连接是否可靠，接地线是否丢失、破损； 4）各指示灯是否正常，有无告警信号； 5）服务器、交换机电源是否正常，线缆有无老化； 6）通信柜内布线是否整齐、美观，线缆标签是否齐全； 7）硬盘录像机录像、存储功能，交换机运行是否正常； 8）通信设备通风、散热等运行环境是否良好。

项目	子项	检查内容
通信及监控系统	监控设备	监控设备是否运行正常，有无异常信号，本地实时视频和录像功能是否正常
环境及附属设施	环境	站点周围有无杂物、垃圾、易燃易爆物堆积，有无威胁安全运行的施工作业等
	消防	安全和消防器材是否按规定设置，取用是否方便，消防道路是否畅通

2. 特殊巡视

在日常的工作中，充换电设施日常的常规检查不能及时发现，在特定情形下对设备开展针对性的巡视检查，具体包含六方面的场景。

（1）设备新投入运行后的巡视。

（2）设备变动后的巡视。

（3）设备经过检修、改造、长期停运后重新投运后的巡视。

（4）遇有重大节日或重大保电安排时的巡视。

（5）发现运行异常现象后的巡视，如通过系统平台检测到异常数据。

（6）遇有环境突变或极端天气时的巡视，如温度突变或台风、暴雨的天气。

以上的几种场景下，重点检查内容如下：

（1）重点检查设备各触点是否过热，温度是否正常。

（2）设备运行过程中有无异常声音出现。

（3）换电设备外绝缘有无闪络或损伤。

（4）电池及电池箱温度是否正常。

（5）台风、暴雨天气时充电场站设备防护、排水设施、防雷设施等是否正常。

（6）冰雪天气时，应检查给排水设施防冻措施、雨棚承载力（如有）等是否满足条件。

三、充换电站服务操作

针对不同类型电动汽车的充电需求，存在整车充电和换电池充电两种方式，整车充电方式是通过将整车与充电系统相连，充电之前，系统会进行车辆电池的状态检测，对无故障的车辆进行充电。换电池充电方式是将电池与车体分离，对车辆电池进行故障排查，由充电系统对无故障的电池进行单独充电，通过更换电池的方式进行能量的补给，有故障的电池则送入维护区进行检测、筛选、维护等处理。

（1）电动汽车充电现场服务人员充电操作过程见图4-1-1，需按照充电流程操作，并明确充电各阶段的注意事项。

充电站工作人员应穿戴好绝缘防护用品，对前来充电的车辆进行引导，使之进入充电区，这一过程中注意的事项如下：

1）对充电站内的充电桩整体情况进行掌握，保证待充电的充电桩状态良好，箱体及充电枪外观良好，无破损及裸露线材。

2）确保充电区域现场无积水。

3）确保充电设施处于准备就绪状态，工作电源正常，电源指示灯正常，充电枪处于空闲状态。

4）正确引导充电车辆停放至充电枪线长度辐射范围内。

待车辆停止相应的位置后，操作人员将连接充电枪与充电车辆，这一过程的注意事项如下：

1）确认车辆所有电源均已关闭，车上动力电源与充电插座之间的开关已经断开，车上充电插座不带电。

2）确认车辆充电方式，充电桩与充电枪与车上充电插座相匹配。

3）将充电枪插入车辆充电插座，听到"咔嗒"的声音，确认车辆与充电桩即完成连接。

车辆与充电桩成功连接后，可选择任一启动方式来启动充电，主流的启动方式有四种，见表4-1-8。

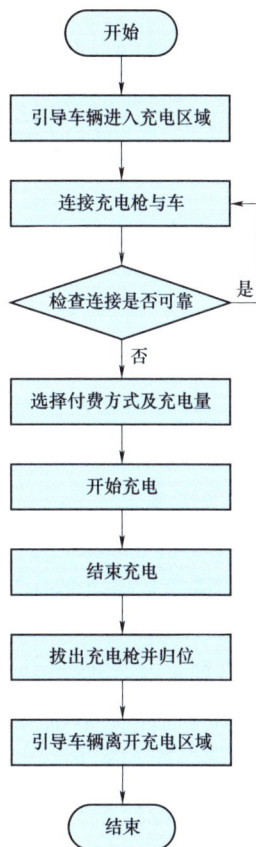

图4-1-1 充电站服务操作流程

表4-1-8　　　　　　四 类 启 动 方 式

序号	启动方式	操作方法
1	即插即用	充电枪与电动汽车充电端口连接完毕后，充电自动启动，充电状态指示灯亮起

续表

序号	启动方式	操作方法
2	App 扫码启动	根据充电服务运营商提供的充电 App 扫描对应的二维码启动充电，充电状态指示灯亮起
3	账号密码启动	用户使用从充电服务商处获取的账号密码启动充电，充电状态指示灯亮起
4	专用充电卡刷卡启动	将充电卡放置到充电桩读卡感应区，充电桩感应到充电卡后，充电状态指示灯亮起，开启充电

选择好充电方式进行启动充电，这一过程中注意事项如下：

1）充电过程中严禁插拔充电连接器。

2）充电过程中必须有人值守，密切监视充电机运行状态，包括充电压、充电电流、温度等是否正常。

3）如遇充电装置发出异常响声、机体内部发出异常气体、味道等异常现象，应立即停止充电，记录并上报。禁止打开充电桩相关位置进行修理，售后服务人员会对故障充电桩进行处理。

4）操作按键过程中注意力度，禁止损伤按键，禁止用尖硬物体划伤操作屏等行为。

5）禁止在充电过程中突然断开电源或充电电缆。

充电完成后，在显示屏点击"结束充电""结算"即可停止充电，确认充电机已停止，拔出充电插头，注意将其放回原仓位，防止充电插头脱落遭到外力损坏。依次盖好车身充电口盖、充电口盖板，指挥完成充电的车辆应立即驶离充电区域。

（2）换电站操作现场服务人员换电操作过程见图 4 - 1 - 2。

换电站人员在换电站口引导换电车辆进入站内，指挥驾驶员停在指定位置，检查车载电池管理系统（BMS）是否有关于电池故障的记录，若有电池故障记录，则应记录故障位置和类型，然后清除故障记录，断开整车的高低压电路，关闭车辆电源。核对换电信息，根据车辆构造布置取电池前的保护措施，取下车辆电池进行绝缘检测及故障检测，将故障电池、无故障电池分类摆放，后续进行相应的处理。清洁车辆的车载电池架并检测车辆的插件。准备待装电池，在安装前需进行检测，如发现故障，则按照《电池及相关故障分级界定》标准将发现故障的电池按保修流程进行报修。更换上新的电池组后，应接通整车的高低压电源，由车载电池管理系统（BMS）对新装的电池组进行再一次故障排查，以确保更换电池组后的电动汽车正常行驶。待一切检查正常后，引导车辆驶离换电站，将换电工器具归位。操作过程中需注意，如在检查插件环节发现轻微拉弧，应立即告知司机返厂维修，并告知监控中心，若插件拉弧严重，则应告知司机立即停运，并通知监控中心。

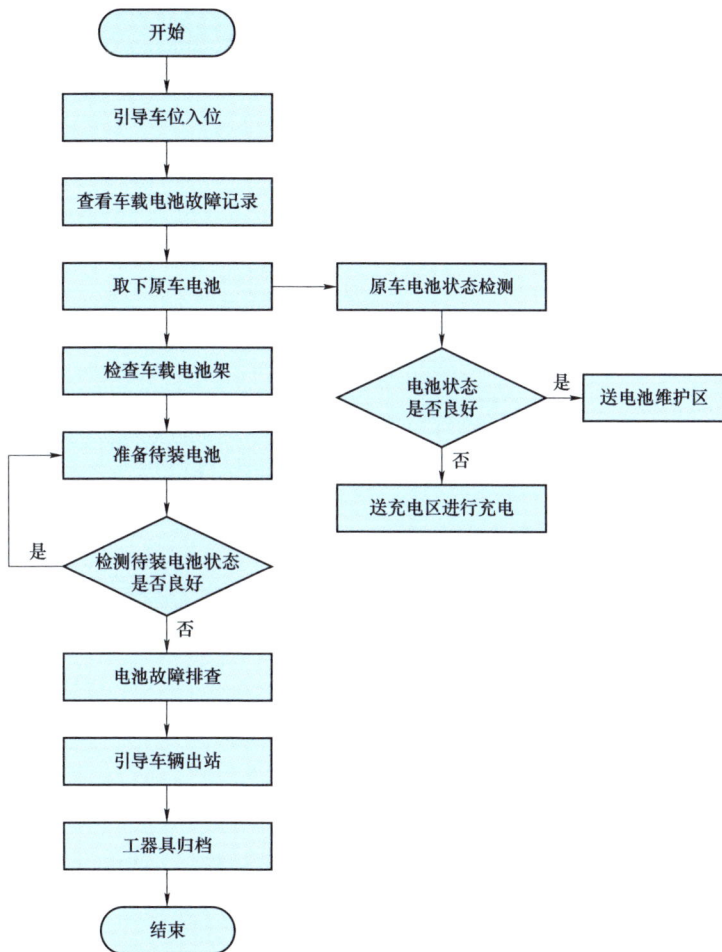

图4-1-2　换电池服务操作流程

四、运行分析

为不断优化对充换电设施情况的管理水平，采用各类信息化手段对充电设施运行数据统计分析，并根据运行分析结果，对充电设施网络建设、检修和运行等提出建设性意见。

运行分析的基础是运维资料，运维资料主要分为投运前信息、运行信息、检修信息等。运行分析内容应包括但不限于：运行管理、充电设施整体概况及运行指标、巡视维护、缺陷分析、故障处理、客户诉求分析等，具体内容见表4-1-9。

表4-1-9　　　　　　　　　　常见运行分析及内容

序号	分析类型	分析内容
1	运行管理分析	对管理制度是否落实到位、管理是否存在薄弱环节、管理方式是否合理等问题进行分析
2	充电设施整体概况及运行指标分析	对当前充换电设施基础数据和主要指标进行分析
3	巡视维护分析	主要是对充换电设施巡视维护工作进行分析，包括计划执行情况、发现处理的问题等
4	缺陷分析	对缺陷管理存在的问题和已发现缺陷的处理情况进行统计和分析，及时掌握缺陷的处理情况和产生原因
5	故障处理分析	从责任原因、技术原因两个角度对故障及处理情况进行汇总和分析，并根据分析结果，制定相应措施
6	客户诉求分析	高度重视客户需求的收集和分析，通过满足客户需求不断提升服务质量

第二节　充换电设施的日常维护与检修

一、充换电设施的日常维护

充换电设备投入运行一段时间后，因长期运行及环境因素影响，易出现零部件污损脱落、绝缘材质老化、设备接地不良等问题，导致运行故障、设备漏电、引发火灾等危险现象，为预防这些问题，需对充换电站设备设施开展日常维护并设置相应的防护。

防护工作主要应对突发外力破坏的情形设置，如对充换电站点周围宜设置明显的边界标识和防撞警示标识，对于设立在高速公路服务区等大型运输车辆频繁出入场所的充电站，在雨棚等边角处悬挂明显的防撞警示标识，设置混凝土隔离墩等专项防撞设施。

充电设施维护主要包括一般性消缺、保养、带电测试和清除异物、拆除废旧设备、清理周边通道等工作。运维人员应按计划定期开展维护，并对维护工

作进行统计、分析和总结。在维护工作中，运维人员应随身携带相应的工器具、备品备件和个人防护用品，应严格按照现场标准化作业指导书开展充电设施的检查、维护和测量等工作，见表4-2-1。

表4-2-1　　　　　　　　充换电设施维护

项目	维护内容
充电设施的维护	1）清除柜体污秽； 2）清除防尘网污秽； 3）开展漏电测试； 4）修复损坏的锁具； 5）清理周围的杂物。
电池更换设施的维护	1）清洁换电机器人、伺服电机、清洁电池箱外部污秽； 2）清除防尘网污秽； 3）开展漏电测试； 4）更换渗液电池； 5）紧固电池箱松动螺丝。
配电变压器维护	1）结合配电变压器巡视工作，进行配电变压器的测负荷工作； 2）对变压器负载率较高的站点，其变压器1~3个月测量负荷1次，其他站点的变压器6个月测量负荷1次。最大负载不超过额定值； 3）清除壳体污秽。
低压电缆分支箱的维护	1）清除柜体污秽； 2）清理周围的杂物； 3）修复损坏的锁具。
电力电缆线路的维护	1）封堵电缆孔洞，补全、修复防火阻燃措施； 2）补全、修复缺失的电缆线路本体及其附件标志标识。
防雷和接地装置的维护	1）修复连接松动、接地不良和锈蚀的接地引线； 2）修复缺失或埋深不足的接地体； 3）定期开展接地电阻测量，每年雷雨季节前应完成接地电阻普测。测量工作应在干燥天气进行，全站接地网的接地电阻不大于4Ω，充电机内任意应接地点至总接地之间的电阻不应大于0.1Ω。
通信设备的维护	1）补全缺失的内部线缆连接图等； 2）清除壳体污秽，修复锈蚀、开裂、缺损、油漆剥落的壳体； 3）对终端有严重污秽的部件，用干净的毛巾配合清洁剂擦拭； 4）紧固松动的插头、压板、端子排等； 5）重新连接异常的接地装置，确保其连接牢固可靠； 6）检查通信是否正常，能否接收主站下来的报文； 7）对终端装置参数定值等进行核实及时钟校对，做好相关数据的常态备份工作。
建（构）筑物等附属设施的维护	1）清除站内堆积物，特别是易燃易爆物品和腐蚀性液（气）体； 2）修复破损的遮（护）栏、防护网、防小动物挡板等； 3）更换不合格消防器具； 4）修复性能异常的照明、通风、排水、除湿等装置。
标识标示的维护	标识标示维护的主要内容包括补全、修复缺失、损坏、错误的各类标识、标示。标识标示具体要求执行国家标准、电力行业标准和国网公司相关规定

安全标识包含禁止标识、警告标识、指示标识及提示标识四类，见表4-2-2，相应的标识牌应设置在与安全有关的醒目的地方，满足在观察者看到后，有足够的时间来注意它所标识的内容，此外，标识牌前不应放置有妨碍认读的障碍物。当多个标志牌在一起设置时，应按警告、禁止、指令、提示类型的顺序，先左后右、先上后下地排列。

表4-2-2 　　　　　　　　　四 类 安 全 标 识

序号	标识类别	标识描述	满足要求
1	禁止标识	禁止人们的不安全行为，其基本形式是带斜杠的圆边框	设置在需要禁止或限制行为的部位或区域入口
2	警告标识	提醒人们对周围环境引起注意，以避免可能发生危险。基本型式是正三角形边框	供电设备表面或者在打开任何一个通往危险部位的门、盖子等防护措施之后，应在明显可见位置提供警告标识。警告标识应清晰可见。如果警告标识是针对某设备的特定零部件，应固定在零部件之上或就近位置
3	指示标识	强制人们必须做出某种动作或采用防范措施。基本型式是圆形边框	供电设备上应提供以下两种标识：一种集成的直接可见的或可听到的指示标志和可进行远程访问和使用的电气或电子的指示
4	提示标识	向人们提供某种信息，基本型式是正方形边框	在正常条件下保持清晰可见，能够耐腐蚀。环境信息标志宜设在有关场所的入口处和醒目处

除日常一般性的维护外，每年到了特定的季节，由于天气和环境的变化，还需进行有针对性的季节性维护：

（1）春季，对柜体的通风防尘装置进行检查，及时清理毛絮。

（2）雷雨季节前，对防雷设施进行检查和维护，及时修复损坏的防雷引线和接地装置，检查防雷措施是否有缺失，检查防雷改进措施落实情况。

（3）汛期前，对处于地势低洼地带的充电设施，开展防汛检查和维护，检查防汛措施落实情况等。

（4）夏季高温季节，对充电模块开展清灰清洁等保养工作，检查散热条件、风扇的运行情况，及时更换防尘滤网等。

（5）大风季节前，对充电设施进行防风措施的检查和维护，检查和清理充电设备区及周围的漂浮物等。

（6）秋、冬季节前，及时清理凝露、凝霜，并对防小动物措施进行检查维护。

（7）冰雪季节，宜对站点的通道和路面及时开展清雪、清障工作。

二、充换电设施的检修

充换电设施运行一段时间后，由于零部件的磨损、变形，严密性降低，材料使用寿命的缩短，受热面结垢、结渣、堵灰、腐蚀等现象的出现，均会影响设备运行的安全性与经济性。为此，必须定期地、有计划地对设备进行预防性和恢复性的检修，以便及时地检查、发现和消除设备存在的缺陷，消灭潜在的事故因素，提高设备健康水平，延长设备使用奉命，确保机组运行的安全性与经济性。

检修实行综合检修，统筹检修、技改等，结合设备的运营、运行状况，合理安排检修周期、检修手段和检修时间，科学开展设备检修工作。检修计划分为年度检修计划和月度检修计划，检修计划的编制，综合考虑保电、站点利用率、设备运行状况、客户需求、季节性工作点等因素编制。

检修主要是对设备进行的例行试验、特检测、一般性消缺、检查、维护、保养、清扫。日常巡视检查及维护保养项目已在前文列出，不再赘述，本节着重对充换电设施的检测、设备缺陷管理及维修进行阐述。

在设备运行 2 年后或者大修后，需进行如下的预防性实验，以检测充电桩充电安全，相关检测须由试验专业人员借助特殊检测仪器进行定期检测，检测项目见表4-2-3。

表4-2-3　　　　　　　　　预防性试验检测项目

测试项目	测试内容	技术要求
绝缘电阻测试	测试交流充电桩各带电回路之间、各带电回路对地（金属外壳）之间绝缘电阻	1）额定绝缘电压 $U_i \leqslant 60V$，采用电压等级 250V 的绝缘电阻测试仪，在测试电压加载 1min 后，检测交流充电桩各带电回路之间、各带电回路对地（金属外壳）之间绝缘电阻应≥10MΩ； 2）额定绝缘电压 $60 < U_i \leqslant 300V$，采用电压等级 500V 的绝缘电阻测试仪，在测试电压加载 1min 后，检测交流充电桩各带电回路之间、各带电回路对地（金属外壳）之间绝缘电阻应≥10MΩ。
工频耐压测试	充电桩非电气连接的各带电回路之间、各独立带电回路（金属外壳）之间耐压实验	1）额定绝缘电压 $U_i \leqslant 60V$，在充电桩非电气连接的各带电回路之间、各独立带电回路（金属外壳）之间加 1kV 电压，持续 1min，过程中应无绝缘击穿和闪络现象； 2）额定绝缘电压 $60 < U_i \leqslant 300V$，在充电桩非电气连接的各带电回路之间、各独立带电回路（金属外壳）之间加 2kV 电压，持续 1min，过程中应无绝缘击穿和闪络现象。
短路保护功能实验	充电机输出端发生短路时保护功能	充电机输出端出现短路时，充电机自动切断主电路停止充电或无法启动充电，并发出报警信号

测试项目	测试内容	技术要求
接地试验	电气装置的金属外壳以及金属手柄等应该接地的点，与地之间的电阻	电气装置的金属外壳以及金属手柄等应该接地的点，与总接地之间的接地连续电阻不应大于 0.1Ω，测量点不应少于 3 个
剩余电流保护功能实验	充电桩发生漏电时的保护功能	交流充电桩体发生漏电时，充电桩的漏电保护装置动作，切断主电路停止供电，并发出报警信号

设备缺陷是指充电设备本身及周边环境出现的影响其安全、经济和优质运行的情况。对设备的缺陷应进行分级分类的管理，结合检修计划或日常巡视、维护工作予以消除。按其对人身、设备的危害或影响程度，将设备缺陷等级划分为危急、严重和一般三个等级：

（1）危急缺陷：设备或建筑物发生了直接威胁安全运行并需立即处理的缺陷，否则随时可能造成设备损坏、人身伤亡、火灾、重大舆情等事故；

（2）严重缺陷：对人身或设备有重要威胁，可能发展为事故，但设备仍可在一定时间内继续运行，须加强监视并需尽快进行检修处理的缺陷；

（3）一般缺陷：设备本身及周围环境出现不正常情况，一般不威胁设备的安全运行，可列入检修计划或日常维护工作中处理的缺陷。

充换电设施外形缺陷，如变形、裂纹、磨损、锈蚀等，如不影响运行的情况，对相关部门进行加强巡视和修补防护，如对设备运行造成影响或形成安全隐患的，需进行相应组件的更换及抢修，具体见表 4-2-4。

表 4-2-4　　　　　　　　充换电设施外形缺陷及处理方式

种类	缺陷描述	缺陷分类	处理方式
变形	充电桩柜柜体、柜门及各组成部件表面不平整、有明显凹凸痕，由于材质原因造成外观明显变形，不影响设备运行	一般	1）暂不影响设备运行的加强巡视； 2）对凹凸痕、划伤进行修补或加装防护。
	1）充电桩柜柜体、柜门及各组成部件表面不平整、有明显凹凸痕，划伤、裂纹、由于材质原因造成外观明显变形严重影响运行； 2）显示屏变形、破裂； 3）插头触头变形，支架松动、变形，影响设备运行；金属支架接地不良。	严重	1）对箱体或相应部件进行更换； 2）接地极增设接地桩，对周边土壤进行降阻处理，必要时进行开挖检查修复。
裂纹	1）外护套进线和出线电缆龟裂局部完全龟裂（不长于5cm）或多处表面细微龟裂； 2）雨棚顶棚存在裂纹； 3）钢构架未形成大面积连续的风化露筋，纵向裂纹、横向裂纹，缝隙宽度超过 0.05mm 小于 0.2mm。	一般	加强日常巡视

续表

种类	缺陷描述	缺陷分类	处理方式
裂纹	1）机械锁出现裂纹，会影响设备的正常运行和使用； 2）充电插座轻微裂纹，影响设备使用； 3）进线和出线电缆龟裂部完全龟裂（1m以上）或多处存在外护套龟裂情况； 4）钢构架未形成大面积连续的风化露筋，纵向裂纹、横向裂纹，缝隙宽度超过大于0.2mm。	严重	1）更换相应部件； 2）使设备构架整体出现倾斜影响设备安全运行，组织开展抢修。
	充电插座严重裂纹，内部电缆裸露电流、电压互感器外绝缘破损、开裂	危急	停止应用，更换相应部件
锈蚀	轻微锈蚀或漆面破损	一般	对锈蚀或漆面破损处进行防锈修补
	1）设备金属部位、接线端子排严重锈蚀； 2）避雷设施引下线严重锈蚀，影响设备可靠接地。	严重	更换相应器件
破损	1）进线和出线电缆外护套破损未见金属护套； 2）照明灯损坏无法满足夜间照明需求，但可以借助其他照明设备不影响设备运行； 3）限位器是安装不合理、不够结实牢固或轻微损坏雨棚、钢结构风化露筋、开裂。	一般	1）加强日常巡视； 2）更换相应器件； 3）对露筋、开裂进行修补。
	1）机械锁或电子锁磨损，造成功能失灵； 2）卡涩造成机械锁或电子锁失灵； 3）急停按钮、泄放电阻、通信机、交换器和服务器端口损坏； 4）外护套局部或大面积破损可见金属外护套； 5）通信电缆绝缘层有变色、老化或损坏等； 6）电源线路老化或是雷击等原因； 7）限位器严重损坏，无法起到限位作用； 8）雨棚顶棚存在损毁。	严重	1）对卡涩造成机械锁失灵，对其进行润滑处理，磨损的进行更换； 2）对损坏的器件、线路进行更换； 3）更换限位器； 4）更换雨棚。
	1）绝缘损坏造成带电部分裸露； 2）避雷设施外套和法兰结合情况不良为Ⅳ。	危急	1）更换破损的线缆； 2）对外套和法兰连接处进行密封处理，开展绝缘电阻测试。

　　充换电设施及零部件连接出现缺陷，如松动、零器件脱落缺失等，发现后进行及时的紧固和安装，并根据脱落情况对相应的器件进行更换，补充安装缺失的器件，具体见表4-2-5。

表4-2-5　　　　　　充换电设施外形缺陷及处理方式

种类	缺陷描述	缺陷分类	处理方式
松动	1）固定螺栓松动； 2）机械锁出现轻微松动； 3）线夹微松动，插头与电缆连接处未出现缝隙； 4）通信及监控系统端口接触不良； 5）充电控制器轻微松动，但不影响运行和使用。	一般	对松动部位进行紧固处理

种类	缺陷描述	缺陷分类	处理方式
松动	1）机械锁出现严重松动，影响设备的运行和使用； 2）接线排松动或损坏、端子松动或损坏，影响正常运行和使用； 3）插头触头松动，电缆与插头连接处出现较小缝隙； 4）SIM卡松动、读卡器轻微松动，影响正常运行、无法正常使用； 5）ESAM松动影响设备运行、无法正常使用； 6）线缆连接处的固定螺栓轻微松动； 7）接地引下线与接地网连接松动。	严重	对松动进行紧固，松动严重或脱落的更换部件
	1）紧固螺丝明显脱出，导线裸露； 2）TCU模块固定不牢靠，有脱落痕迹； 3）读卡器固定不牢靠，有脱落痕迹； 4）接地引下线与接地网连接断开； 5）急停按钮、泄放电阻有脱落迹象； 6）烟雾感应器、门禁感应器有脱落迹象。	危急	1）更换破损的线缆； 2）对脱落器件，影响正常运行，存在安全隐患的进行正确的固定。
缺失	1）急停按钮盖丢失； 2）充换电站标志未配备齐全，标识张贴不齐全，标志标识安装不端正、不牢固、字迹模糊； 3）充电站内未张贴充电服务信息公告、或信息公告不够清晰准确。	一般	1）补充相应部件或标识； 2）设备标识和公告信息应依据要求及规定位置挂设。
	1）相关设备和电子器件、模块缺失； 2）充电插头无电子锁； 3）SIM卡缺失； 4）灭火器、沙池等消防措施未按规范配置或灭火器过期，存在安全隐患； 5）充电机内接线、接地及安全标志，存在部分缺失、错误； 6）未安装限位器。	严重	1）增补缺失设备、器件、模块或标识增补充电插头电子锁、SIM卡； 2）更正错误接线、接地方式，对缺失的线路进行补接； 3）安装限位器。
	线缆连接处螺栓丢失，造成线缆脱落	危急	增补更换相应部件

充换电设施运行过程中运维检修人员需密切关注其运行状态，出如现一些异常现象，如烧结、发热、异响、异味、冒烟等情况，应立即停止运行，针对相应原因进行查找，对引起异常情况的部件进行更换处理，具体见表4-2-6。

表4-2-6　充换电设施外形缺陷及处理方式

种类	缺陷描述	缺陷分类	处理方式
烧结	1）充电连接器件烧结； 2）充电插头触头烧结，影响设备使用。	严重	1）更换相应的触头； 2）当触头烧结造成插座的绝缘部分损坏时，整体更换充电插座。

续表

种类	缺陷描述	缺陷分类	处理方式
发热	1）触头发热； 2）温度在 90～120℃内，持续 15min 以内，或大于 120℃，持续时间低于 5s，不影响设备运行和使用。	一般	在上述范围内加强巡视
	1）触头发热对于长期超过 120℃的车辆插头； 2）显示屏体严重发热； 3）TCU 模块严重发热； 4）断路器本体、接触器发热。	严重	1）对相应部件进行更换处理； 2）检查过负荷运行，更换高一级容量的接触器。
	避雷设施本体整体或局部发热，相间温差超过 1K	危急	进行更换处理
冒烟、冒火	运行中器件或线路冒烟、冒火	危急	应立即停运，进行查找，更换器件
声音异常	通信机箱体内由外部附件松动引起	一般	对部件进行紧固处理
	充电桩内部由外部附件松动引起声音异常	严重	对部件进行紧固处理
	有震动、放电或爆裂声等异常声音	危急	对相关元件或设备进行更换处理
异味	由于放电、发热引起异味，需引起注意，否则会影响设备安全运行	严重	对相关元件或设备进行更换处理

信息异常，如实际装置信息与车联网平台存在差异、指示灯及保护功能异常、显示异常等需及时发现及时处理。充换电设施外形缺陷及处理方式见表 4−2−7。

表 4−2−7　　　　充换电设施外形缺陷及处理方式

种类	缺陷描述	缺陷分类	处理方式
信息差异	1）充电桩厂家编码、名称与 T 车联网平台中数据不一致； 2）TCU 软件主版本号与车联网平台相应数据不一致。	一般	1）工检查、修正充电桩厂家编码、名称与车联网平台中数据不一致的部分； 2）对 TCU 模块进行本地或远程升级。
	充电桩位置与车联网平台显示的相应数据不一致	严重	1）检查查 GPS 天线、TCU 的定位信息； 2）更换 TCU。
指示灯异常	指示灯不能正常指示设备状态	严重	更换损坏的指示灯
保护异常	1）烟雾感应器测试实际烟雾度未达到告警情况，但出现告警，影响设备使用； 2）温度感应器测试实际温度未达到告警值，但出现告警，影响设备使用； 3）漏电流超标试验数据超标，可短期维持运行； 4）断路器拒动或误动。	严重	1）对保护器件本体、配合器件进行检查； 2）检查其连接线路和通信线路； 3）对相应器件进行更换。

续表

种类	缺陷描述	缺陷分类	处理方式
保护异常	1）开门保护异常，柜门打开，不能同时切断动力电源输入和输出； 2）烟雾感应器实际烟雾度达到预警值，但设备并未出现告警； 3）温度感应器测试实际温度超过告警值，但设备并未出现告警； 4）泄漏电流超标试验数据严重超标，无法继续运行。	危急	1）对保护器件本体、配合器件进行检查； 2）检查其连接线路和通信线路； 3）对相应器件进行更换。
显示异常	泄漏电流指示值超标，显示屏显示信息不全，字符模糊	一般	检查泄漏电流表完好性
显示异常	1）显示屏花屏，黑屏，乱码； 2）电度表读数不准； 3）泄漏电流指示值超标，正常天气情况下，读数超1.2倍，或读数为0。	严重	1）紧固显示屏的接线插头，防止其松动，重启TCU设备，防止程序死机。更换液晶屏； 2）更换相应仪表或设施； 3）检查避雷器引线、接头是否存在锈蚀、松动、污损等情况，进行上报和处理。
显示异常	泄漏电流指示值超标正常天气情况下，读数超1.4倍	危急	结合外观检查、是否存在异响，综合判断是否存在内部故障，进行停电检修

　　由于密封或进出口封堵出现缺陷，导致设备受潮、进水、有异物的情况，需进行除水、去潮处理，同时更换密封胶圈，修复封堵。对进水设备修复后重新进行设备绝缘检，对于绝缘检测不合格的桩整体进行更换，具体见表4-2-8。

表4-2-8　　　　　　　充换电设施外形缺陷及处理方式

种类	缺陷描述	缺陷分类	处理方式
封堵不严	进出线封堵有肉眼可看到的缝隙	一般	进行修复封堵
封堵不严	天线口未封堵或封堵不严	严重	重新进行封堵
受潮	内部各元件表面有潮气或凝露	严重	1）检查密封垫圈是否良好，更换有破损的密封垫圈； 2）检查封堵情况是否良好，对于破损的防堵重新进行封堵； 3）打开桩门，或添加干燥剂进行除湿处理； 4）重新进行设备绝缘检测，对于绝缘检测不合格的桩进行整体更换。
进水	柜内进水未造成直流接地、回路短路、元器件进水等	严重	1）检查密封垫圈是否良好，更换有破损的密封垫圈； 2）检查封堵情况是否良好，对于破损的防堵重新进行封堵； 3）打开桩门，或添加干燥剂进行除湿处理。

续表

种类	缺陷描述	缺陷分类	处理方式
进水	柜内进水，造成直流接地、回路短路、元器件进水等	危急	1）检查密封垫圈是否良好，更换有破损的密封垫圈； 2）检查封堵情况是否良好，对于破损的防堵重新进行封堵； 3）打开桩门，或添加干燥剂进行除湿处理； 4）重新进行设备绝缘检，对于绝缘检测不合格的桩整体进行更换。
异物	散热口有灰积异物	一般	清扫灰积物，更换防尘滤芯
异物	充电桩内有异物	严重	检查异物的来源，更换相应损坏的元件

　　充换电站内有积水或杂物堆放的情况，需进行防水和清杂物处理。其缺陷分类和处理见表4-2-9。

表4-2-9　　　　　　　　充换电设施外形缺陷及处理方式

种类	缺陷描述	缺陷分类	处理方式
积水	场站充电区域有积水，不影响设备安全运行及站点运营	一般	做防水处理
积水	场站充电区域积水严重，影响设备安全运行及站点运营	严重	做防水处理
杂物堆放	植物搭棚，尘土、杂物堆积	一般	清除杂物
杂物堆放	设备基础附近有易燃易爆物堆积	严重	清除杂物

第三节　充换电设施的故障及应急处理

一、充换电设施故障的分类

　　根据 GB 50966—2014《电动汽车充电站设计规范》，电动汽车充电站主要由供配电系统，充电系统、计量部分和监控及通信系统和其他配套构筑设施组成。各系统的设备组成见表4-3-1。

表4-3-1　　　　　　　　　　　充电站设备设施组成表

序号	系统名称	系统的组成部分	具体设备
1	供配电系统	主接线	母线、断路器、隔离开关
		变电设施	变压器
		无功功率补偿装置	电容器、投切装置
2	充电系统	充电设备	非车载充电机（直流充电桩）、交流充电桩
		电缆	导线、金具
		相关辅助设备	车辆接口
3	计量系统	计量装置	直流电能表、交流电能表、计量用互感器
		采集装置	专变采集终端、集中器、采集器
4	监控及通信系统	站控层	服务器、工作站、视频及环境检测工作站、接口设备
		间隔层	充电设备监控单元，供配电设备测控单元、安防监控及终端
		网络层	网络交换设备、通信网关、光电转换设备
5	其他配套构筑设施	建筑构筑物	建筑、给排水系统、暖通系统、接地装置、防雷装置
		服务设施	照明设备、通风设备
		消防设施	消防栓、灭火器、烟雾感应装置、报警装置

根据 GB/T 51077—2015《电动汽车电池更换站设计规范》，电动汽车电池更换站主要有供配电系统、充电系统、电池更换系统、二次系统和其他配套构筑设施组成。各系统的设备组成见表4-3-2。

表4-3-2　　　　　　　　　换电站设备设施组成表

序号	系统名称	系统的组成部分	具体设备
1	供配电系统	主接线	母线、断路器、隔离开关、开关柜、环网柜
		变电设施	变压器
		无功功率补偿装置	电容器、投切装置
2	充电系统	充电设备	充电机
		电缆	导线、金具
		相关辅助设备	整流装置、直流变换装置

续表

序号	系统名称	系统的组成部分	具体设备
3	电池更换系统	机械设备	电池箱、电池箱更换设备（更换机器人）、充电架、应急更换设备
		电气设备	电池箱检测与维护设备、更换控制系统
4	二次系统	监控系统	站控层设备、间隔层设备、网络层设备
		网络通信系统	
		计量系统	电能表、互感器、采集装置
5	其他配套建（构）筑设施	建筑构筑物	建筑、给排水系统、暖通系统、接地装置、防雷装置
		服务设施	照明设备、通风设备
		消防设施	消防栓、灭火器、烟雾感应装置、报警装置

根据 T/CECS 611—2019《电动汽车无线充电设施技术规程》相关内容，无线充电站内的主要部件与设备包括供配电系统、无线充电系统、二次系统（包括计量设备、通信系统和监控管理系统）和其他配套构筑设施。

因此，按照电动车充换电站各组成部分进行划分，站内的各类设备设施故障可以划分为供配电系统故障、充换电系统故障、二次系统故障和其他故障。电动汽车充电站的充换电系统故障指发生于站内充电设备、电缆和其他辅助设备的故障，二次系统故障则包括计量系统、安防系统、充电监控系统、供电监控系统和通信系统等各部分的故障。而对于电动汽车电池更换站，充换电系统故障则包括电池充电系统和电池更换系统内相关设备设施的故障。

目前，对于电动汽车的充电方式有传导式充电和感应式充电两种，应用广泛的是传导式充电，即通过充电桩利用电传导给蓄电池充电。因此，在充电站内的各类故障中，充电系统的故障又可进一步细分为第一类故障和第二类故障。第一类故障是充电桩本身的故障。第二类故障是充电接口的故障，即车辆插头或插座出现的故障。

二、充换电设施故障的处理方法

2016—2021 年，发生的电动汽车起火事件原因进行统计的结果显示，在正常充电过程中发生的车辆起火占事故总量的 14%，有 5% 的起火事件是因为充电设备故障。因此及早处理充换电站内各项设备设施故障，降低故障的负外部性影响，对于避免事故的发生以及对人员、财产的损害尤为关键。

1. 充换电设施故障处理的一般要求

电动汽车充换电站设备设施故障处理应遵循保人身、保设备的原则，尽快查明故障地点和原因，消除故障根源，防止故障扩大，及时恢复设备正常运行。故障处理前，应采取措施防止行人接近故障设备，避免发生人身伤亡事故。

从事充电设施检修的检修人员需满足以下基本要求：

（1）检修人员须经安规考试合格后持证上岗（外协单位人员按照国网公司要求执行），具备相应电工资质；

（2）了解现场安全作业要求，熟悉相关是设施运行情况，掌握主要设备工作原理、性能、使用说明、检修检测方法、作业指导书等；

（3）具备必要的高、低压电气理论知识和技能，能正确操作设备，熟悉现场作业流程。

电动汽车充换电站设备设施故障处理由运维人员和抢修人员共同开展，严禁单人作业。故障处理时，每组检修人员应不少于两人，一人开展作业，一人负责安全监护；对于涉及高压设备操作检修、登高等风险等级高的作业，宜不少于三人，一人负责作业，一人协助，一人负责安全监护。

2. 充换电站供配电系统常见故障处理方法

按照相关规范的规定，电动汽车充电站和电池更换站的供配电系统均应满足《供配电系统设计规范》（GB 50052）的相关规定。因此，站内供配电设备的选择要求近似，对于供配电系统的故障处理也都采取通常相关设备设施的处理方法。

充换电站发生停电的处理方法分两种情况：

若是充换电站的主供电源停电，值班人员首先检查监控后台的 10kV 电压、电流有无显示，然后再检查 10kV 断路器进线侧带电显示器的带电指示灯是否已经熄灭。若判明是线路停电，应立即向有关部门汇报。系统恢复供电后，应检查充换电站的直流系统运行是否正常。

若是低压断路器跳闸导致的局部停电，应对其供电线路及电气设备进行检查，通过声、光、味进行综合判断，在故障原因没有查明前，不得强行送电。故障线路可采用先断开下级负荷，逐级送电的方法排查故障。故障查明后应对故障线路或故障设备进行隔离，并恢复其他回路的供电。对有明显故障的线路或设备应待故障排除后再恢复供电运行。

（1）主变压器故障的处理方法。

10kV 断路器（以弹簧机构为例）的常见故障及处理方法如表 4-3-3 所示。

表 4-3-3　　　　　　　　10kV 变压器的常见故障及处理方法

故障现象	故障原因	处理方法
变压器运行温度异常升高并超过允许值	环境温度过高	采取降温措施
	变压器所带负荷过大	调整变压器负载
	冷区系统故障	查找冷却系统故障
变压器冒烟着火	绕组匝间短路或一、二次侧之间短路	变压器退出运行，找出短路处予以排除
	铁芯片间绝缘太差，产生较大涡流	变压器退出运行后，拆开铁芯，重新对硅钢片进行绝缘处理
	铁芯叠厚不足或硅钢片型号不对	变压器退出运行后，加厚铁芯或按要求更换硅钢片
	负载电路局部短路	变压器退出运行后，找出短路处并排除故障
变压器套管有严重的破损和放电现象	变压器绝缘受到损坏	变压器退出运行后，找出并更换绝缘部件
变压器的运行声响明显增大，声响时大时小，并伴有爆裂声	铁芯片未插紧	变压器退出运行后，插紧并紧固铁芯片
	电源电压过高	变压器退出运行后，检查电源并降低电压
	负载过大或短路引起振动	变压器退出运行后，减轻负载或找出短路予以排除
铁芯或底板带电	一、二次绕组对地短路或一、二次侧之间短路	变压器退出运行后，找出短路点后进行修复或更换绕组
	引出线头碰触铁芯或底板	变压器退出运行后，找出引出头与铁芯或底板的短路点，并排除故障
	绕组受潮或环境温度过高，底板感应带电	变压器退出运行后，对变压器绕组进行烘干处理或降低变压器使用环境的湿度

（2）断路器常见故障处理方法。

10kV 断路器（以弹簧机构为例）的常见故障及处理方法如表 4-3-4 所示。

表 4-3-4　　　　　　　　10kV 断路器的常见故障及处理方法

故障现象	故障原因	处理方法
断路器不能合闸	断路器弹簧未储能	检查断路器机构、若是弹簧未储能、则电动或手动操作使机构弹簧储能

续表

故障现象	故障原因	处理方法
断路器不能合闸	断路器已处于合闸状态	先检查断路器位置状态，再进行运行操作
	手车式断路器未完全进入工作位置或试验位置	将断路器操作到工作位置，再进行合闸操作
	选用了合闸闭锁装置，而辅助电源未接通或低于技术条件要求	检查合闸闭锁装置，按运行规范进行操作
	二次线路不准确	检查二次回路，排除二次回路故障
断路器不能推进拉出	断路器处于合闸状态	检查断路器位置状态，再进行操作
	推进手柄未完全插入推进孔	将推进手柄完全插入推进孔、再进行操作
	推进机构未完全到试验位置，致使舌板不能与柜体解锁	将推进机构完全操作到试验位置，再进行操作
	柜体接地联锁未解开	操作前先检查柜体接地联锁是否解开
断路器支持绝缘子或瓷套管严重破损，有放电现象	绝缘老化	申请停电，将断路器退出运，更换老化部件
断路器弹簧操作机构不能储能	储能的电机使用时间过长出现老化	
	储能齿轮的牙齿发生磨损	
真空断路器出现异常声响	真空短路器的真空度下降	申请停电，将断路器退出运，更换真空泡

（3）站内互感器故障处理方法。

电动汽车充换电站内的互感器有电压互感器和电流互感器两种，其常见故障及处理方法见表4－3－5、表4－3－6。

表4－3－5　　　10kV 电压互感器常见故障处理

故障现象	故障原因	处理方法
电压互感器严重发热或运行音响不正常及冒烟	一次绕组绝缘材料存在质量不良或工艺缺陷	互感器退出运行，检查以往试验记录
	铁芯长期过载发热，导致一次绕组的绝缘薄弱点绝缘热老化加剧	互感器退出运行，进行励磁试验，及时更换或加装一次消谐装置
	与一次侧熔断器配合不当	互感器退出运行，进行重新校订，降低一次熔断器的额定电流

故障现象	故障原因	处理方法
互感器炸裂	二次短路或过载	互感器退出运行，检查负载情况，排查短路点
	产品质量问题	互感器退出运行，检查以往局放试验记录
	铁磁谐振	互感器退出运行，检查消谐装置，采取消谐措施
电压互感器高压熔断器连续熔断2～3次	系统开关频繁操作或受雷击等外界冲击造成铁磁谐振	互感器退出运行，检查消谐装置，采取消谐措施
	二次侧接线错误	互感器退出运行，进行接线检查并更正
瓷件放电、闪络或破损	发生短路故障	互感器退出运行，排查短路点

表4－3－6　　　　　　　10kV 电流互感器常见故障处理

故障现象	故障原因	处理方法
电流互感器严重发热或运行音响不正常及冒烟等	发生短路故障	互感器退出运行，排查短路点
	母线热缩管绝缘不好导致放电	互感器退出运行，更换老化的母线热缩管
	电流互感器的二次回路开路	互感器退出运行，检查二次接线
套管有严重的破损和放电现象	套管表面污秽较多	互感器退出运行，进行更换
	发生短路故障	互感器退出运行，排查短路点
电流互感器的引线接头发热、变色	接触不良，电弧打火	互感器退出运行，检查互感器接线情况
	绝缘损坏或老化	互感器退出运行，测量绝缘电阻
	过载或互感器负荷不平衡	互感器退出运行，检查负荷情况

3. 充换电站充电系统故障处理方法

在充电系统中，充电桩是核心的设备设施。通常来讲，直流充电机一般由外壳、电源输入、充电模块、通信模块、控制器件、显示屏和用户界面、充电接口等部分组成。对于部分容量较大的超级充电桩，还需要配置冷却系统。

（1）充电机装置外壳故障的处理。

装置外壳：外壳是保护充电机内部组件免受水、灰尘或物理损坏等环境因素影响的外部遮蔽物。装置外壳可能出现的故障有物理损伤、锈蚀、电气损坏等。如果发现物理损或锈蚀，联系厂家进行修理或更换即可。但是对于电气损坏，可能是由于充电桩内部出现短路或元件故障引起，则需要将充电桩断电后进一步进行检查与判断。充电机在正常使用中必须进行接地，以防发生短路时造成人员触电。检测充电桩接地故障的方法有：

1）万用表检测。将万用表设置为连续性挡或电阻挡，将一个表笔接触充电机外壳，另一个表笔接触地线。如果万用表读数为零或电阻非常低，则接地完好无损。如果万用表读数为无穷大，则可能存在接地故障。

2）检查充电桩外表。查看充电桩外表是否有明显破损以及接地线是否松动或断线。

3）检查电源。如果电源未接地有问题，则可能会在充电器中造成接地故障。

4）使用接地故障测试仪。接地故障检测仪器可检查从充电桩到地面的泄漏电流，进而检测出接地故障。

（2）电源故障。电源输入是充电机连接到电网的连接点，实现充电机获取电力为电动汽车充电。电源输入的常见故障见表4-3-7。

表4-3-7　　　　　　　　　　电源常见故障及处理方法

故障类型	故障现象	故障原因	处理方法
电源故障	输入电压过高	配电系统出现故障	1）检查配电系统是否正常。是否有设备损坏故障，及时进行处理； 2）检查充电模块的运行状态，若模块损坏，则需更换模块。
	电源缺相		
	电源断电		
	输入电压过低	电压检测装置连接松动	检查电压检测装置接线

（3）功率单元（PSU）：将来自电网的交流电转换为电动汽车电池充电所需的直流电的部件。导致充电桩功率单元故障的原因有过负荷、电涌、电源谐波过高、PSU内部组件故障（例如电容器、整流器或变压器）可能会因磨损或制造缺陷而随着时间的推移而退化或发生故障和制造缺陷等。功率单元的故障可以通过外观检查、查看充电桩故障报警信息、测量电压、测量电流和红外成像检测的方法发现PSU故障。常见的功率电源故障及处理方法见表4-3-8。

表4-3-8　　　　　　　　　　功率单元常见故障及处理方法

故障类型	故障现象	故障原因	处理方法
输出电压故障	液晶屏显示充电桩直流母线输出过电压告警故障代码	输出侧输出电压比需求电压大，超出控制器的设定阈值	检查充电模块运行状态，若模块损坏，检修人员需上报运行管理人员，及时联系设备厂家进行模块更换处理
		充电模块故障，输出失控	

续表

故障类型	故障现象	故障原因	处理方法
输出电压故障	液晶屏显示充电桩直流母线输出欠电压告警故障代码	负载过大，导致瞬间电压输出欠电压告警	负载过大，瞬间电压输出欠电压告警后恢复正常的情况，无须处理
		充电模块损坏	检查充电模块运行状态，若模块损坏，检修人员上报运行管理人员，及时联系设备厂家进行模块更换处理
		模块控制精度不够	
输出电流故障	过电流保护动作，直流充电桩液晶屏显示电池充电过电流告警故障代码	充电时电池的电流需求值大于充电桩的设定阈值，引发充电桩控制系统过电流保护	1）检查充电模块是否运行正常，若模块损坏，检修人员需上报运行管理人员，及时联系设备厂家进行模块更换处理； 2）检查电池运行状态是否正常，建议车主联系车辆厂家进行检查处理。
		充电模块损坏	
	直流充电桩液晶屏显示充电模块输出过电流告警故障代码	充电输出电流大于充电桩控制系统设定的阈值，引发输出过电流保护	检查充电模块的运行状态，若模块损坏，则需更换模块
		充电模块损坏	
短路故障	液晶屏显示充电模块输出短路告警故障代码	充电模块内部器件损坏	检查确认充电模块的运行状态，并更换模块
		充电桩内部电容器被击穿	
		充电模块输出侧母线短路	
	熔断器保护动作，液晶屏显示故障代码	下级电路短路	1）检查下级电路系统，排除短路故障； 2）更换熔断器。
连接故障	液晶屏显示电池反接故障代码	直流出线反接	检查电池接线，若反接则进行更正
		电池反接装置没有开启或损坏	检查反接装置，若关闭则进行开启操作
		电池反接装置检测线接反	检查反接装置接线，若有问题则进行更正
	液晶屏显示接触器故障代码	触点粘连	检查触电状态，消除粘连
		接触器故障	更换接触器
温度报警	充电模块温度过高，液晶屏显示故障代码	设备内部积污过多	清洁模块，尤其是风道及滤网
		长时间大功率运行	暂停充电，检查模块状态
其他故障	液晶屏显示充电模块通信告警故障代码	充电模块硬件损坏	检查充电模块是否处于正常运行的状态，若确认模块损坏，则需上报运行管理人员

（4）通信模块故障的处理。通信模块实现充电机与监控系统、外部网络或电动汽车之间的通信功能的部分，接收充电参数、传输数据和接收软件更新。通信模块故障的排查、诊断方法包括：

检查故障信息：大多数 EV 充电机都配备了诊断系统，可在屏幕上或通过移动应用程序显示故障信息。这些信息可以提示通信故障或需要解决的其他问题。

测试连接：检查充电机的物理连接，确保电缆和接口状况良好且连接正确。有时，通信故障可能是由接线松动引起的，需要检查连接的可靠性。

监控通信协议：大多数 EV 充电器使用 OCPP（开放式充电点协议）或 ISO 15118 等通信协议。监控通信协议有助于识别通信过程中发生的任何故障或错误。

检查网络连接：EV 充电器通常连接到网络，例如互联网或局域网。如果网络连接中断，可能会出现通信故障。检查网络连接并确保其稳定。

检查软件：如果 EV 充电机具有基于软件的通信系统，请确保软件是最新的并且功能正常。软件问题通常会导致通信故障。

使用诊断工具：有可用的诊断工具可以帮助识别 EV 充电器中的通信故障。这些工具可以监视通信协议、测试网络连接并检查错误消息。

通过使用这些方法，基本可以识别 EV 充电机的绝大多数通信故障并采取措施解决它们。常见的通信模块故障及具体处理方法见表 4-3-9。

表 4-3-9　　　　　　　　　充电桩通信故障及处理方法

故障类型	故障现象	故障原因	处理方法
TCU 与充电控制器通信故障	液晶屏显示相应故障代码	TCU 与充电桩控制器之间的控制器局域网络（简称 CAN）总线接线松动	检查 TCU 上 CAN 总线接线是否压接牢固，若出现松动，需压接牢固
		CAN 总线抗干扰能力不佳或总线匹配电阻有问题	检查总线匹配电阻是否连接可靠，若出现松动需压接牢固
		TCU 与充电桩控制器双向报文发送异常，TCU 发送数据异常或充电桩控制器数据发送异常	检查充电桩控制器通信线屏蔽层是否有效接地
充电桩读卡器通信故障	充电桩液晶屏不能读卡，液晶屏显示相应故障代码	TCU 与读卡器接线松动	检查读卡器接线，确认读卡器接线牢固；检查读卡器通信线、屏蔽线接地是否到位
		读卡器损坏	更换读卡器
		TCU 程序运行出错	重启 TCU，检查充电桩运行是否恢复正常

续表

故障类型	故障现象	故障原因	处理方法
充电桩与外界系统通信故障	充电桩平台注册校验不成功,液晶屏显相应故障代码	网络信号存在异常	检查网络信号是否正常,及时恢复网络信号
		车联网后台存在异常	与车联网后台确认车联网后台运行情况,重新对充电桩平台进行注册校验
充电桩充电模块通信故障	充电桩液晶屏显示充电模块通信告警故障代码	充电模块通信线路接线松动	检查通信线路的接线情况,若接线松动,由检修人员连接牢固
		通信协议不匹配	检查通信协议的一致性。若通信协议故障,则需上报运行管理人员,及时联系设备厂家进行更换模块处理
BMS 通信故障	液晶屏显示直流充电桩 BMS 通信异常故障代码	充电枪连接线未连接到位	检查确认车辆充电插口是否插好充电枪
		车辆未成功获取充电桩提供的辅助电源	检查辅助电源是否正常,若正常则需查找其他原因
		充电桩和电动汽车的通信协议不匹配	检查充电桩与车辆的通信协议是否兼容,建议车主联系车辆厂家检查处理
		电动汽车 BMS 系统自身故障	建议车主联系车辆厂家检查处理

（5）控制模块故障。控制模块可以时限控制板调节充电过程,监控充电器的性能,并与电动汽车进行通信,以确保安全高效的充电的集成组件。控制模块可能发生的故障有电源故障、通信故障、软件故障和组件故障等。控制模块的故障可以通过查看故障代码、检测通信组件的外观、测量电压和电流、热成像检测和通信接口测试等方法查找。常见等的通信故障见表 4 - 3 - 10。

表 4 - 3 - 10　　　　　充电桩控制模块常见故障及处理方法

故障类型	故障现象	故障原因	处理方法
存储故障	液晶屏显示充电桩交易记录存储过载故障代码	设备长期处于离线状态	重启 TCU,若恢复正常,则可判定为设备长期处于离线状态;若仍无法恢复,则是设备无线信号不正常或其他原因
	液晶屏显示充电桩交易记录存储失败故障代码	设备闪存数据已存满	检查设备无线信号是否正常,是否处于在线状态。若无线信号正常且设备处于在线状态,则排除设备闪存数据已存满的原因,需进一步查找其他原因
		设备闪存损坏	更换存储器

故障类型	故障现象	故障原因	处理方法
软件故障	充电桩程序文件校验失败	TCU 程序被破坏或被篡改，造成 TCU 程序的校验码与配置文件不符或者文件版本不对	检查TCU 硬件防护是否遭到破坏，若遭破坏请及时处理，并将 TCU 程序恢复到正常状态
控制导引告警	液晶屏显示充电中控制导引告警故障代码	充电过程中直接拔出充电枪	检修人员重启 TCU，消除故障
		车辆 BMS 主动断开充电连接	

（6）显示屏和用户界面：显示屏和用户界面允许用户与充电机进行交互、输入充电参数、监控充电过程并接收状态更新。充电桩的显示屏可能出现黑屏或花屏的情况，可通过检查屏幕连接的视频线或者屏幕本身是否故障进行排除。

（7）电缆和充电接头：电缆和充电接头用于将充电机连接到电动汽车。这一组件必须与电动汽车的充电端口兼容。电缆和接头可能出现物理损伤、锈蚀、发热、磨损和电气损坏等故障。这些故障可以通过外观检查、阻抗测试、热成像检查等方法发现。发现电缆及接口故障后，应及时进行更换。为了降低和较少生插拔充电接口（充电枪）触电问题发生的概率，充电机会都会在其内部设置电子锁，电子锁的主要作用就是对充电状态进行监督与检测。充电桩接头及电子锁的相关故障及处理方法见表 4 - 3 - 11。

表 4 - 3 - 11　　　充电桩电缆及接口故障处理方法

故障类型	故障现象	故障原因	处理方法
充电接口（充电枪）未归位	屏幕显示故障代码	充电接口使用后未放回插座或放置不牢靠	把充电接口放回充电插座，并确认完全连接
充电线故障	充电接口（充电枪）温度过高	充电连接线有破损	使用万用表确认充电枪头CC1 与 PE 之间电压是否为 6V。若有破损，则更换充电线
	充电桩 BMS 通信异常	充电连接线内部有破损	取下充电线，用万用表在两侧检测连接线电阻
充电接口（充电枪）	充电接口（充电枪）温度过高	长时间大电流充电	暂停充电
		充电接口长时间使用，导致积垢较多，接触电阻变大	暂停充电，清理或更换充电接口

续表

故障类型	故障现象	故障原因	处理方法
充电接口电子锁故障	未锁紧或无法开锁	电子锁损坏	更换电子锁
		驱动及采样故障	检查驱动及采集接线

（8）冷却系统故障。对于有冷却系统的充电桩，可能或出现充电机风扇故障的情况，可能是相关开关损坏，也可能是风扇本身故障，需进行逐次检查并更换处理即可。

（9）充电桩计量故障。充电桩内的主要计量装置是电能表，可能会出现不显示或数值错误的情况，可以通过检查表与 TCU 接线、表通信波特率（2400bit/s）设置以及表本身的状态进行查找，并针对故障原因可以进行接线调整紧固、调整参数以及更换电能表等相应处理。

4. 换电系统故障处理方法

换电系统的主要设备是换电机器人。电池更换机可能发生的一些常见故障包括：

（1）机械故障：机器的机械零件，例如电机和齿轮，可能会随着时间的推移而磨损或因过度使用而损坏，从而导致机器发生故障。

（2）电气故障：机器的电气部件（例如传感器和控制系统）可能会因电涌、电气故障或其他问题而发生故障。具体又可以包括传感器故障、控制系统故障、电源故障、充电系统故障和电池管理系统故障等。

（3）软件故障：控制机器运行的软件可能会遇到可能导致其发生故障的故障或错误。

（4）环境因素：灰尘、污垢和极端温度等环境因素会影响机器的运行，从而导致故障或故障。

对于换电机器人，通常可以通过外观检查、系统自动诊断、做好维护记录和远程监控等方法及时发现一些潜在的故障。例如，持续做好维护记录，随着时间的推移可以形成详细的维护日志。通过跟踪故障的频率和严重程度，可以帮助技术人员确定需频繁更换的部件或需要更专业维护的区域。

对于换电设备设施，可能发生的故障类型与处理方法与充电设备类似。特殊点在于换电机器人的工作过程需要有传感器的参与，传感器故障在充电站中极少涉及。换电机器中可能出现的传感器故障有物理损坏、对准精度不够、积污严重、电气故障和软件故障等。对于传感器故障，可以通过外观检查、仪器检测、查看系统中的故障代码和操作测试等方法判断传感器的故障所在。仪器检测过程中所用的仪器见表 4-3-12。

表 4-3-12　　　　　　　　传 感 器 检 工 具

仪器名称	功能	作用
万用表	测量电压、电流和电阻等	检测传感器内部故障、检测传感器接线故障
红外测温仪	非接触式测量温度	检测传感器是否出现过热情况
示波器	显示电气信号的波形	可以诊断分析传感器的输出信号
传感器模拟器	模拟传感器的工作	测试系统软件是否工作正常
压力计	测量流体压力	测试安装与气压或液压装置的传感器工作情况

三、充换电站的应急处置

应急处置通常是指针对造成或者可能造成严重社会危害的突发事件采取的一系列紧急处置措施以缩小影响范围，减轻不良后果。城市内的电动汽车充换电站内的充换电设施、电池和新能源车辆等设备设施发生事故的情况早已见诸各类新闻。而车载动力电池燃烧后难以扑灭，更要求站内人员及早、正确第采取有效措施，阻止事故蔓延伤及周边单位与人群。

突发事件风险防控、应急准备、监测与预警、应急处置与救援以及事后恢复与重建。

1. 突发事件的分类

根据突发事件的性质，通常可以分为 4 类：

（1）自然灾害。自然灾害属于充换电站外部的不可抗力，通常会直接造成站内的设备设施受到冲击与影响。自然灾害主要包括水旱灾害、气象灾害、地质灾害、生物灾害和森林草原火灾等。由于充换电内的部分设备实施有一部分是露天安置的，因此对充换电内设备设施危害比较大的自然灾害有台风、暴雨、暴雪、冰雹、大风、沙尘、龙卷风、高温、低温、冻雨、霜冻、寒潮等气象灾害和火山喷发、地震等地质灾害。这些灾害处直接损坏站内设施外，还容易诱发一些设备的故障，如接地故障和设备短路等。

（2）事故灾难。事故灾害可能是由充换电内设备设施故障引发，也可能是外部的突发事故波及站内。外部事故包括工矿商贸等企业的各类生产安全事故，

以及交通运输事故、公共设施和设备事故、核与辐射事故、环境污染和生态破坏事件等。对充换电站会造成影响的有发生在道路、城市轨道、铁路和民用航空器等方面的交通运输事故，也有房屋建筑和市政工程事故、大面积停电、通信网络瘫痪等公共设施和设备事故以及核电与辐射事故等。

（3）公共卫生事件。此类突发事件主要包括主要包括传染病疫情、群体性不明原因疾病、食品和药品安全事件、动物疫情以及其他严重影响公众健康和生命安全的事件等。公共卫生事件通常不会对充换电站的设备设施直接造成损害，但是会危害充换电站的工作人员身体状况，影响充换电站的正常运行，增加站内设备实施的安全隐患。

（4）社会安全事件。社会安全事件主要包括恐怖袭击事件、刑事案件、群体性事件、油气供应中断事件、金融突发事件、涉外突发事件、民族宗教事件、舆情突发事件等。这类事件既可能损害充换电内设备设施，也可能危害站内工作人员的自身安全，因此需要加强防范。尤其是舆情突发事件，在当今自媒体盛行，网络信息传播、转发极为迅速的社会背景下，对相关单位的企业形象和涉事个人的精神伤害都是无法估量的，更应在事件早期妥善处置，将危害降至最低。

2. 应急预案

（1）应急预案指面对突发事件的应急管理、指挥、救援计划等。它一般应建立在综合防灾规划上。通常，应急预案的主体内容有：

信息报告人员及流程；报告内容一般包括突发事件发生的时间、地点、信息来源、性质、简要经过、影响范围（含环境影响）、人员伤（病）亡和失联情况、设备设施损坏情况、交通通信电力等基础设施损毁情况、现场救援情况和已经采取的其他措施。

（2）先期处置措施。事发单位要立即组织本单位应急队伍或工作人员营救遇险人员，疏散、撤离、安置受威胁人员；控制危险源，标明危险区域，封锁危险场所，并采取其他防止危害扩大的必要措施；迅速控制可疑的传染源，积极救治或配合救治病人，组织有关人员加强个人防护；向所在地县级政府及其有关部门、单位报告。对因本单位的问题引发的或主体是本单位人员的社会安全事件，有关单位要迅速派出负责人赶赴现场开展劝解、疏导工作。

（3）现场处置措施。

（4）应急结束。

（5）善后处置。

应急预案应形成体系，针对各级各类可能发生的事故和所有危险源制定综合应急预案、专项应急预案和现场处置方案，并明确事前、事发、事中、事后的各个过程中相关部门和有关人员的职责。

综合应急预案是从总体上阐述事故的应急方针、政策，应急组织结构及相关应急职责，应急行动、措施和保障等基本要求和程序，是应对各类事故的综合性文件。

专项应急预案是针对具体的事故类别（如煤矿瓦斯爆炸、危险化学品泄漏等事故）、危险源和应急保障而制定的计划或方案，是综合应急预案的组成部分，应按照应急预案的程序和要求组织制定，并作为综合应急预案的附件。专项应急预案应制定明确的救援程序和具体的应急救援措施。

现场处置方案是针对具体的装置、场所或设施、岗位所制定的应急处置措施。现场处置方案应具体、简单、针对性强。现场处置方案应根据风险评估及危险性控制措施逐一编制，并组织应急演练，使充换电工作人员均具第一响应人能力。第一响应人是指在事故现场或者第一个到达事故现场且具有状态研判、信息报告、紧急处置、协助救援等能力的人。

为保障充换电站内人身、设备、财产的安全，充换电站内应配置最基本的现场处置方案，且应包含以下内容：现场处置方案应当包括危险性分析、可能发生的事故特征、应急处置程序、应急处置要点和注意事项等内容。

现场处置方案应根据风险评估及危险性控制措施逐一编制，做到事故相关人员应知应会，熟练掌握，并通过应急演练，做到迅速反应、正确处置。

3. 突发的事件的一般处置措施

（1）人员触电：新能源汽车电气电路分为 12V 低压和 300～500V 低压系统两部分。第一部分与传统燃油车相同，直流 12V 蓄电池对车内电子设备进行供电，大小在安全电压范围内。而第二部分则是由车载动力电池供电的直流系统，电压较高。同时，充换电站内部的充电装等设备设施，工作期间需要电网的电力供应，其工作电压也是超过人体安全电压的。因此，充换电站内人员是存在触电的安全隐患的。若发生人身触电事故，站内人员应采取的措施如下：

1）站内人员应在保证自身安全的情况下，断开触电者所接触设备或线路的电源。

2）检查并判断伤者是否有意识、呼吸和心跳，同时拨打 120 急救电话。

3）若伤者出现无呼吸、心跳的情况，应就地进行心肺复苏，知道伤者恢复体征或者医护人员到场进行接替治疗。

（2）设备设施失火。充换电站站内若发生车载动力电池失火，观察到车辆中后段底部发生冒烟现象后，工作人员应进行如下应急处置：

1）关闭车辆点火开关或一键起动开关，关闭低压供电系统。

2）快速疏散起火车辆内部及附近人员，车辆，让其远离起火车辆，防止火势蔓延。

3）迅速戴好绝缘手套，拆下蓄电池负极，再通过取下车辆维修开关或拨出动力电源母线插接器等方式切断车载动力电池电源。

4）拨打"119"报警电话进行报警救援。如果条件允许务必使用大量的水对安装在车辆底部的车载动力电池外部进行喷淋、喷洒使其急速降温以解决高温引发的冒烟事故。需要注意的是，动力电池已经停止冒烟后，还需持续 30～60min 的降温处理，以确保动力电池温度不再重新上升。如无法得到大量的水进行冷却，则必须在拨打报警电话的同时随时关注车载动力电池的情况。

（3）突发网络舆情。据不完全统计，互联网平台日均信息量达 2 亿余条，对于网络特定问题、事件或情况的广泛转发、留言和评论就会形成网络舆情。网络舆情具有映射现实、数据量庞杂、发酵迅猛、话题具有迷惑性和整体可控等一些特点。尤其是负面舆情，具有迷惑性强、突发性强、传播迅速和传播广泛等特点，对于供电服务品质的影响十分不利。发生网络舆情等处置措施主要有以下几点：

1）进行舆情的监控与预警。处理网络舆情的第一步是监测和分析围绕该话题或问题的对话。这可以通过社交媒体倾听工具、情绪分析和在线调查来完成。通过了解人们在说什么、为什么这么说以及他们的感受，组织可以深入了解公众的关注点、偏好和价值观。

2）及时进行信息报送。早发现、早报告、早处置，按照信息上报的流程进行报告。对可能引发新闻舆情的突发事件，严控内部知情人，做好保密工作，第一时间联动相关部门共同研判舆情走向，协同制定处置措施。

3）妥善回应，进行网络舆情舆论引导。在处理网络舆情时，对公众的反馈和关切作出适当回应很重要。应采取行动解答公众提出的任何问题，可以综合运用发布会、座谈会、通稿公告、网络公众号等多渠道适当的回应，向公众展示承诺并建立良好声誉。

4）持续跟踪和评估，并进行反思和总结。事件热度下降后，也应持续关注，避免二次发酵。同时应总结舆情处置过程的经验教训，引以为戒。

附录 4－3－1：

常用工器具及备品备件清单

序号	名称	备注
安全工器具		
1	10kV、380V 接地线	
2	10kV、380V 验电笔	
3	警示围栏	
4	高低压绝缘手套、绝缘靴	
5	工作标示牌	
6	绝缘梯	
7	其他	
其他工器具及仪器仪表		
1	万用表	
2	钳型电流表	兼容交直流测量
3	电动吸尘器	
4	除尘气泵	220V AC
5	电动汽车	
6	红外热成像仪	
7	便携式充电桩检测仪	
8	巡视检修一体化智能终端	
9	常用工器具	螺丝刀、扳手等
10	笔记本电脑	
11	Can 通信盒	
12	移动式照明设备	
充电桩备品备件		
1	电缆组件	32A/125A/250A 等

续表

序号	名称	备注
2	充电模块	
3	TCU	
4	主控制器模块	
5	显示屏	
6	交流接触器	
7	直流接触器	
8	风扇	
9	辅助电源 12V DC	
10	辅助电源 24V DC	
11	读卡器	
12	绝缘检测盒	
13	通信盒	
14	避雷器	
15	电能表	
16	SIM 通信卡	
17	充电连接枪线	
18	其他	
监控设备备品备件		
1	枪机	
2	球机	
3	NVR 硬盘录像机	
4	交换机	
5	烟雾传感器	
6	智能地锁	
7	服务器（工作站）	

附录4-3-2：

×××突发事件应急处置预案

一、总则。总则一般由预案的编制目的、编制依据、适用范围和工作原则组成。

二、组织机构及职责。组织机构一般分成领导结构和涉及的工作机构，同时规定量各结构在应急处置过程中职责。

三、事件定义。对于某些专门领域的突发事件，会专门给出事件定义及相关分级信息。

四、应急处置。此环节可包含应急预警、应急处置等相关内容。其中应急处置是核心内容，主要包含应急启动、具体处置措施、处置流程等具体可执行的处置规定。

五、保障及后续。应急保障主要规定应急处置过程中的人员、信息和后勤的所需的保障性被容。后续通常包含应急处置后的恢复重建，评估总结和改进措施等。

六、附则。附则通常包含应急预案执行、预案解释、预案管理和实施事件方面的规定。

第五章

充电业务（车联网）线上操作

第一节　背　景　介　绍

近年来，随着绿色出行理念的普及和互联网技术的发展，电动汽车产业已由最初满足基本驾驶功能发展到追求信息化、智能化、网联化的新阶段。为更好推动电动汽车产业发展，国家电网有限公司多年来积极推进电动汽车充换电基础设施建设，开发智慧车联网平台，实现"车—桩—路—网—人"等关键要素的有效连接。

继互联网、物联网之后，车联网成为未来智能城市的另一个重要标志。车联网是指车与车、车与路、车与人、车与传感设备等交互，实现车辆与公众网络通信的动态移动通信系统。它可以通过车与车、车与人、车与路互联互通实现信息共享，收集车辆、道路和环境的信息，并在信息网络平台上对多源采集的信息进行加工、计算、共享和安全发布、根据不同的功能需求对车辆进行有效引导与监管，以及提供专业的多媒体与移动互联网应用服务。

国家电网有限公司车联网平台是基于"物联网＋充电服务""互联网＋出行服务""大数据＋增值服务"的 O2O 平台，为全国充电设施统一接入和运营管理提供支撑。在国家电网有限公司快充网络基础上开放接入第三方充电桩，形成全国充电一张网，为用户提供畅行无忧的充电服务；通过研究探索分时租赁、共享出行等商业模式，参与、培育、引领电动汽车服务新业态；通过实时采集的电动汽车位置信息、充电数据、运行状态、用户行为等数据资源，深入挖掘数据价值，不断拓展增值服务。

充电桩接入车联网平台能快速为客户提供场站信息，包括场站位置、充电桩功率、充电桩目前使用状态及充电过程中远程操作，同时，充电桩接入车联网平台后方便运营团队掌握充电桩实时状态，保障充电桩后期运营维护，现从平台创建项目工程、平台接入调试及数据维护、平台的运营操作三方面阐述充电桩接入车联网平台流程。

第二节　平台创建项目工程（建设云）

车联网平台包括商户平台、运维检修、资产管理、运营管理、建设云等版块，在充电桩线下开展建设任务时，我们需同步完成接入车联网平台，在此过程中，主要应用的版块为建设云。建设云中创建项目建设的全流程模块如图 5-2-1 所示，包括：项目立项-项目包管理（含项目包的）-项目初设-项目里程碑计划-项目进度管控-工程投运。

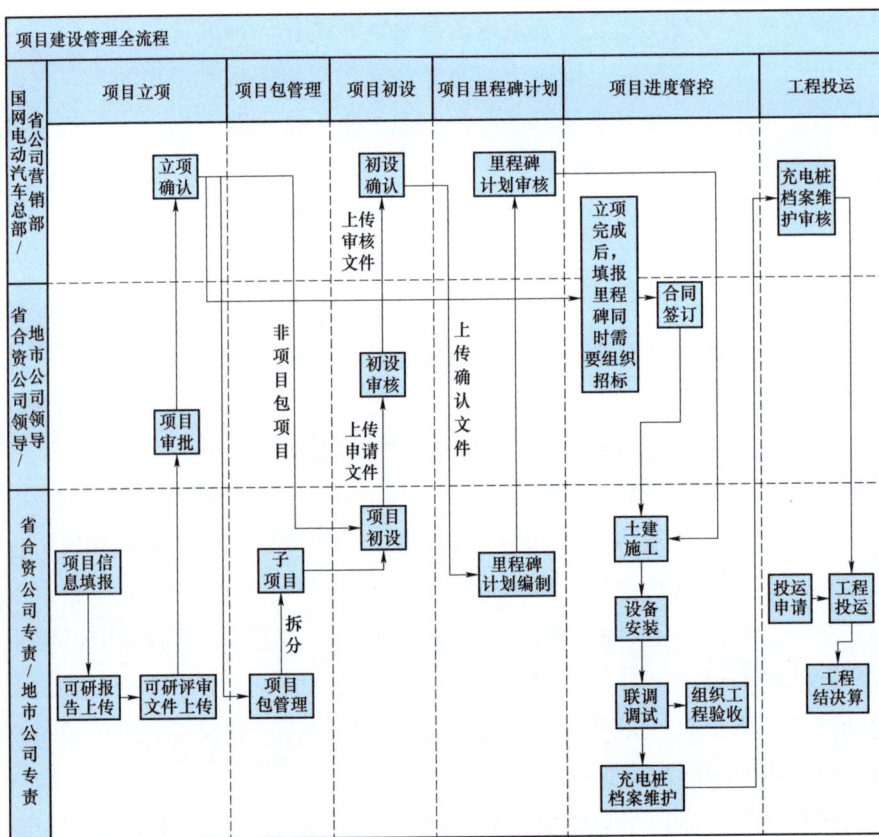

图 5-2-1　建设云项目流程概览

一、建设云的基础操作

1. 登录建设云

向平台中心申请商户平台账号，并且具备进入"建设云"权限；登录后选择"建设云"模块即可。

2. 车联网商户服务平台登录地址（需要外网登录）

https://vender.echargenet.com/merchant/login/index.action

3. 输入正确的用户名和密码

车联网商户服务平台登录界面如图5－2－2所示；车联网商户平台主界面如图5－2－3所示，点击建设云模块即可进入建设云系统。

图5－2－2　车联网商户服务平台登录界面

图5－2－3　车联网商户平台主界面

4. 退出建设云

在已登录的"建设云"的情况下点击右上角"退出系统"即可；图5－2－4为建设云系统主界面。

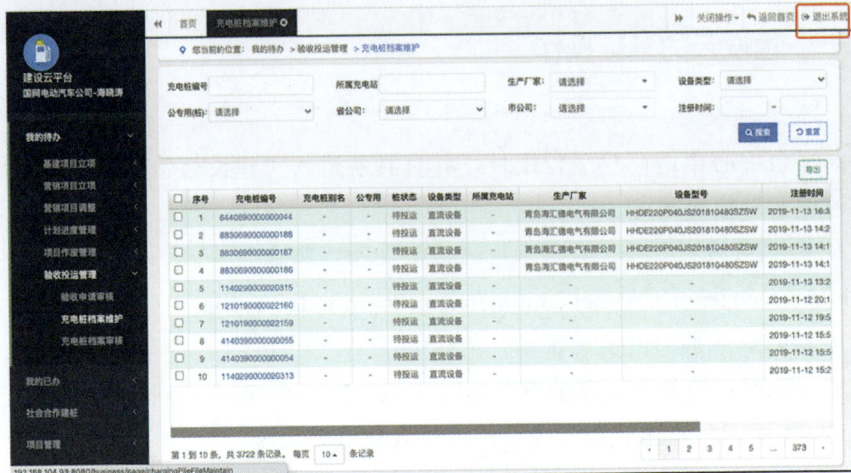

图 5-2-4　建设云系统主界面

二、创建项目工程

1. 项目立项

包含充电桩项目的创建、项目的审批和立项确认等步骤。

（1）项目的创建。

操作路径：项目管理–营销/基建项目管理–新增。其中营销项目管理为省电力公司投资建设充电桩项目，基建项目管理为省电动汽车公司投资建设充电桩项目，图 5-2-5 是以省电力公司投资建设充电桩项目为例。

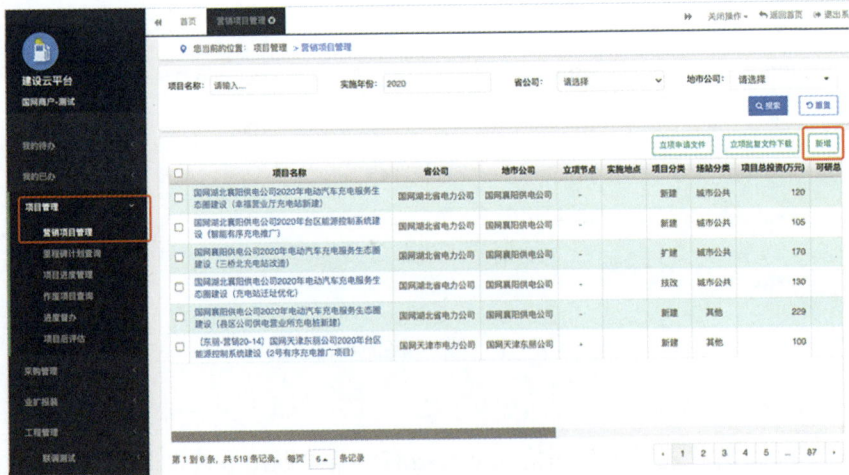

图 5-2-5　新增营销项目管理主界面

操作步骤：

步骤一：完善新增充电桩项目基本信息，包括项目名称、建设类型、实施开始年份、实施结束年份、产权单位、计划开工时间及计划竣工时间等必填字段。

新增充电桩项目基本信息界面见图5-2-6。

图5-2-6 新增充电桩项目基本信息界面

步骤二：完善新增充电桩项目充电设施信息，包括配电信息及充电设施信息。其中，配电信息包含变压器容量及变压器数量；充电设施信息包含充电设施类型、数量、单桩功率、单桩充电枪数量及单枪功率。

新增充电桩项目充电设施信息界面见图5-2-7。

图5-2-7 新增充电桩项目充电设施信息界面

步骤三：完善新增充电桩项目光伏、储能信息，若新增充电桩项目无此类功能，可无需填写。

新增充电桩项目光伏、储能信息界面见图5-2-8。

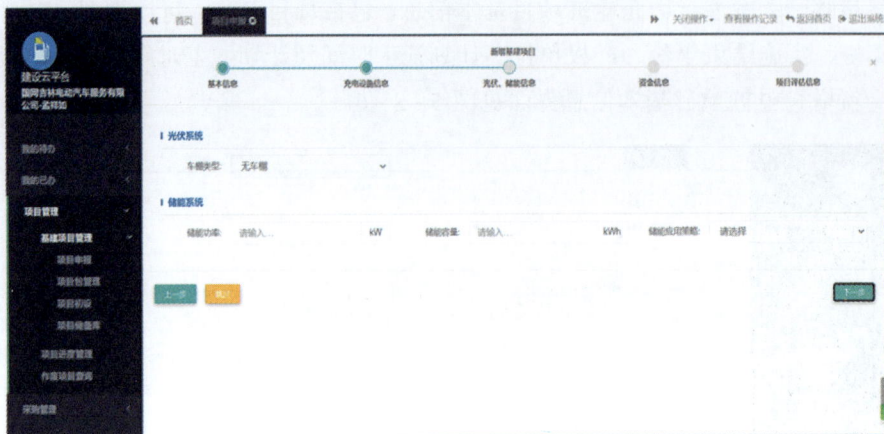

图5-2-8 新增充电桩项目光伏、储能信息界面

步骤四：完善新增充电桩项目资金信息，包括预计充电收入、项目投资及项目成本。其中，充电收入包含单车预计日均充电量、预计服务车辆数、预计年服务时间、预计充电量合计及服务费标准；项目投资包含充电设施、配电设施金额、土建施工综合费用、其他投资（光伏、储能等）及安装工程费；项目成本包含场地租金（购置）、外线费用、预计线损成本、预计整站运维成本及其他成本。

在最新的建设运模块中，新增项目时在项目投资模块中新增了安装工程费字段，计入项目总投资中；在项目成本模块中新增了外线费用字段，计入总成本中。

新增充电桩项目资金信息界面见图5-2-9。

图5-2-9 新增充电桩项目资金信息界面

步骤五：完善新增充电桩项目评估信息，包括项目经济性评估、跨年项目投资进度及建设内容，同时需在最下方点击上传可研报告及可研评审报告。其中，项目经济性评估为录入资金信息后自动生成内容，审核无误后无需进行更改；跨年项目投资进度中，如果项目的投资存在跨年进行，需要对年份、投资金额和占比进行填写；建设内容按照实际建设进行填写。

新增充电桩项目评估信息界面见图5-2-10。

图5-2-10　新增充电桩项目评估信息界面

新增充电桩项目评估信息中上传可研材料界面见图5-2-11。

图5-2-11　新增充电桩项目评估信息中上传可研材料界面

（2）项目的审核。

操作路径：登录管理人员账号-我的待办-营销项目立项。

操作步骤：项目创建成功后需管理人员对此进行审核，左侧二级"营销项目立项"菜单栏按照项目初评、可研审核、可研评审、评审确认、项目顺序进行逐一审核。其中，省电力公司投资建设的充电桩项目需由省公司管理人员登录管理账号在"营销项目立项"中进行审核，省电动汽车公司投资建设的充电桩项目需由省电动汽车管理人员登录管理账号在"基建项目立项"中进行审核。

新增营销项目立项审核主界面见图5-2-12。

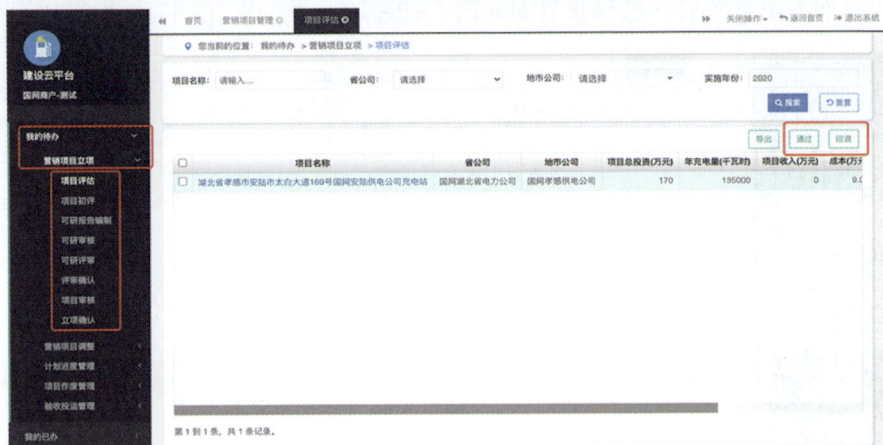

图5-2-12　新增营销项目立项审核主界面

（3）项目立项。

操作路径：项目管理-基建项目管理-立项确认（新）。

操作步骤：项目创建成功后需管理人员登录管理账号对项目立项进行确认，在左侧三级"立项确认"菜单栏下按需确认完成即可。

新增营销项目立项确认主界面见图5-2-13。

图5-2-13　新增营销项目立项确认主界面

2. 项目包项目管理

（1）创建项目包项目。

创建项目包项目过程同创建普通基建项目，区别在于创建项目时需选择新增项目包，项目包主要用于同一个项目下包含多个工程项目。

操作路径：项目管理－基建项目管理－项目申报－新增项目包。

新增项目包项目主界面见图 5－2－14。

图 5－2－14　新增项目包项目主界面

操作步骤：

步骤一：完善新增项目包基本信息，包括项目名称、建设类型、实施开始年份、实施结束年份、产权单位、计划开工时间及计划竣工时间等必填字段。

新增项目包基本信息主界面见图 5－2－15。

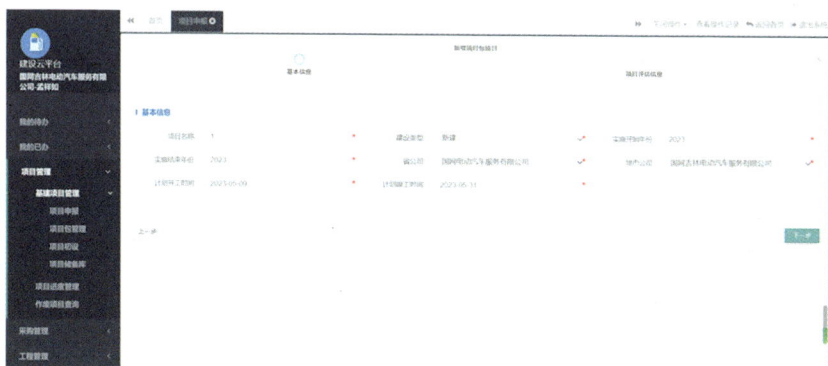

图 5－2－15　新增项目包基本信息主界面

步骤二：完善新增项目包评估信息，包括项目经济性评估、建设内容，同时需在最下方点击上传可研报告及可研评审报告，评审文件上传后项目自动进入评审阶段。其中，项目经济性评估包含项目总投资、总成本、项目预计收入；建设内容按照实际建设填写。

新增项目包项目评估信息主界面见图5-2-16。

图5-2-16　新增项目包项目评估信息主界面

（2）项目包项目审核。

操作路径：项目管理–基建项目管理–项目审核。

操作步骤：项目创建成功后需由管理人员登录管理账号对此项目包进行审核，在左侧三级"项目审核"菜单栏下按需审核完成即可。

项目包项目审核主界面见图5-2-17。

图5-2-17　项目包项目审核主界面

（3）项目包项目立项确认。

操作路径：项目管理–基建项目管理–立项确认（新）。

操作步骤：项目审核成功后需由管理人员登录管理账号对此项目包进行立项确认，在左侧三级"立项确认"菜单栏下按需确认完成即可。

项目包立项确认主界面见图5-2-18。

图5-2-18 项目包立项确认主界面

（4）项目包拆分。

项目包项目创建并且通过立项流程后，项目信息会进入项目包管理页面。

操作路径：项目管理－基建项目管理－项目包管理。

操作步骤：选择对应项目包项目，点击操作列中的拆分按钮进行项目拆分，项目包的拆分可以拆分子项目，须填写子项目信息如填写项目基本信息、充电和配电设施、项目资金情况、项目简介等，进行保存。拆分后的子项目直接进入项目初设流程，此流程与新增充电桩项目（非项目包）初设流程相同。

项目包拆分主界面见图5-2-19。

图5-2-19 项目包拆分主界面

3. 项目初设

包含项目初设、初设审核、初设确认。

（1）项目初设。

操作路径：项目管理–基建项目管理–项目初设。

操作步骤：新增充电桩项目立项后直接进入项目初设环节，需上传申请文件并提交。

项目初设主界面见图 5-2-20。

图 5-2-20　项目初设主界面

（2）初设审核。

操作路径：我的待办–基建项目初设–初设审核。

操作步骤：基建项目初设提交后进入初设审核流程，审核时需上传初设审核文件。可下载和预览项目初设申请文件。

初涉审核主界面见图 5-2-21。

图 5-2-21　初涉审核主界面

（3）初设确认。

操作路径：我的待办－基建项目初设－初设确认。

操作步骤：初设审核通过后进入初设确认流程，确认需上传初设确认文件。可下载和预览项目初设和初设审核时的文件。

初设确认主界面见图5－2－22。

图5－2－22　初设确认主界面

4. 项目里程碑计划编制

包含里程碑计划制定、里程碑计划审核两个步骤。

（1）里程碑计划制定。

里程碑计划制定是项目建设单位专责人员对已立项项目进行里程碑计划填报的功能。这个环节将为项目生成工程和站，现在的工程和站是一一对应的，一个工程生成时系统会默认创建一个同名的站。

操作路径：我的待办－计划进度管理－里程碑计划制定。

里程碑计划制定主界面见图5－2－23。

图5－2－23　里程碑计划制定主界面

操作步骤：里程碑计划制定。

1）根据项目名称、省公司、地市公司等查询条件查询需要进行里程碑计划制定的项目。

条件搜索及项目信息展示主界面见图5-2-24。

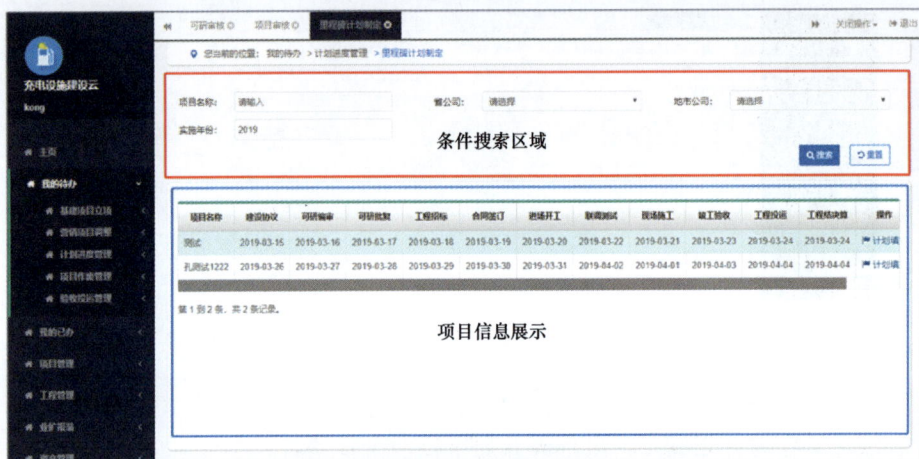

图5-2-24　条件搜索及项目信息展示主界面

2）计划填报：点击表格操作列【计划填报】按钮，显示进度填写页面，填写完毕后进行【保存】或【提交】操作，如图5-2-25所示。

图5-2-25　计划填报主界面

3）地图选点：点击填写页面的【地图选点】，显示地图，点击地图地点自动回填坐标。

地图选点主界面见图5-2-26。

图5-2-26 地图选点主界面

4）工程名称：地图选点操作完成并且坐标自动回填后，点击填写页面的【生成】，会自动生成工程名称，多个工程可以按需进行"＋""－"。

工程名称主界面见图5-2-27。

图5-2-27 工程名称主界面

5）计划编制：点击【计划编制】，填写时间轴信息，如图5-2-28所示。

图 5-2-28 计划编制主界面

（2）里程碑计划审核。

操作路径：我的待办–计划进度管理–里程碑计划审核。

操作步骤：完成里程碑计划制定的项目可在此页面对里程碑计划进行审核，确认里程碑计划制定正确后点击通过即可，审核通过后可进入"项目进度管理"。

里程碑计划审核主界面见图 5-2-29。

图 5-2-29 里程碑计划审核主界面

5. 项目进度管理

项目进度管理是项目建设单位按照项目建设进度上传项目或工程建设的佐证材料，其中，包括建设协议、工程招标材料、合同签订材料、进场开工材料、现场施工材料、联调测试报告、竣工验收材料、工程投运材料及工程结算材料等，若上传资料有误，可提交申请进行修正的功能。项目进度管理主界面见图 5-2-30。

操作路径：项目管理 - 项目进度管理 - 进度填报。

图 5-2-30　项目进度管理主界面

操作步骤：点击上图进度列表里的【进度填报】按钮，打开项目进度填报页面，包括项目进度和工程进度。

（1）点击图 5-2-31 中的【上传】按钮，上传该项目里程碑节点的相关材料。

图 5-2-31　进度填报主界面（一）

图 5-2-31　进度填报主界面（二）

（2）点击工程进度的「里程碑节点名称」栏下的里程碑节点名称，可以链接到对应模块进行工程进度填报。

（3）如需修正里程碑信息，则点击【进度信息修正】按钮，打开进度修正申请页面，选择项目名称、工程名称、选择要修正的节点，填写修正原因，点击【确定】按钮，开启进度修正申请流程。进度信息修正界面见图 5-2-32。

图 5-2-32　进度信息修正界面

第三节　平台接入调试及数据维护

e 充电 App 是国家电网公司为服务广大电动汽车车主推出的一款无卡充电的应用软件，电动汽车的车主可以下载 e 充电 App，注册账户，通过微信/支付宝等给账户进行充值，即可扫面充电桩的二维码进行无卡充电。e 充电 App 面向用户的功能主要服务功能有查找服务、充电服务、我的钱包三大功能。其中查找服务功能模块分为路径规划、充电装查询、实时路况、线路导航四个子模块；充电服务功能模块包含扫码充电和充电预购两个子模块；我的钱包功能模块包含我的钱包、我的充电卡、个人信息、我的收藏和我账单等子模块。为车主提供智能找桩、扫码充电、行程规划、评论互动等服务，更有即插即充、车电服务包等多种服务选择。

在完成平台创建项目工程且里程碑计划审核通过后，需将充电桩接入平台进行测试，在平台接入调试期间，需要手机下载 e 巡检及 e 充电 App 保证顺利完成充电桩调试工作。其中，e 巡检 App 在平台接入调试中主要用于申请充电桩注册码工作，保证充电桩后期资产码唯一性；e 充电 App 主要用于平台接入调试后期给试验车辆充电使用，用于调取充电桩充电时数据，确保充电过程无异常。

一、e 巡检账号建立

前提条件：现场施工人员或者厂家需要下载 e 巡检 App，并且提前申请 e 巡检账号。

操作步骤：

步骤一：现场实施人员打开 e 巡检 App，输入用户名和密码，登录 e 巡检，选择需接入的桩类型。

步骤二：填写申请注册码需要的信息。具体信息如下：

注册码数量——接入此站所需的注册码数量；

选择厂商——桩所属的生产厂商；

所属产品——此产品是直流/交流产品；

设备归属——国网/社会；

公司名称——投资建设的公司；

公司类型——省公司（合建）/省级电动汽车服务公司（自建），公司所属类；

资产类型——充电设施的资产类型；

设备类型——与资产类型联动；

分类编码——注册码分类（国网通用分类）；

模型编码——选择对应的桩模型（国网通用桩模型）；

所属场站——输入桩所属站（输入【建设云】已创建的站名称）；

所属业务系统——桩所对应的业务系统（车联网充电应用系统）。

步骤三：注册码申请成功后可在"注册码管理"页面查看已申请的注册码。e巡检App申请注册码界面见图5-3-1。

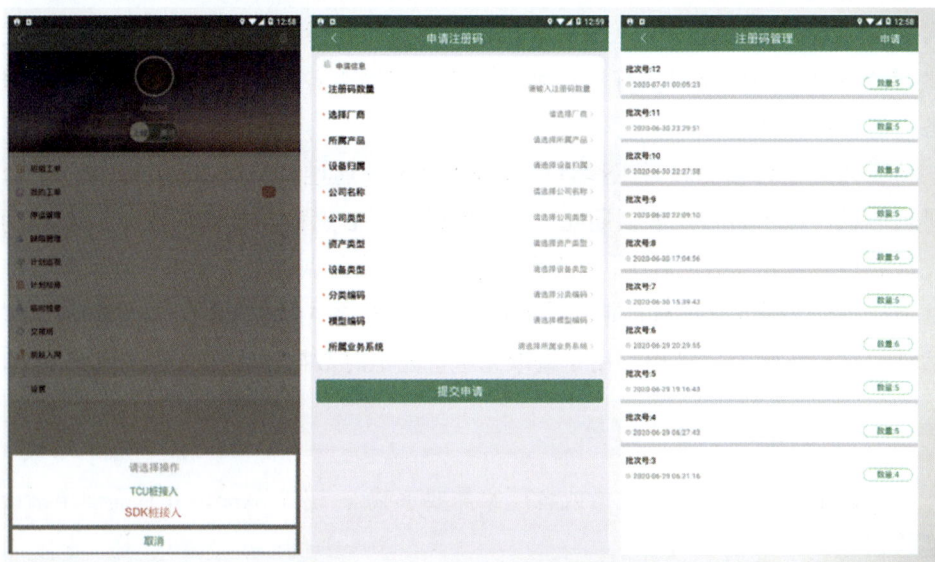

图5-3-1　e巡检App申请注册码界面

步骤四：点击注册码使用扫一扫功能扫描桩体二维码即可与桩的唯一标示进行绑定（桩体二维码中含有桩出厂时的唯一标示；一桩多枪可以扫描任意枪口二维码进行绑定，只需要绑定一次）。

注意事项：如果设备具备通过设备唯一标识获取注册码能力，则该步骤省略。厂家需要把e巡检上显示为"未使用"且"绑定中"的注册码通过外设方式写入到设备。设备自动通过注册码请求证书接入国网车联网平台。e巡检App注册充电桩界面见图5-3-2。

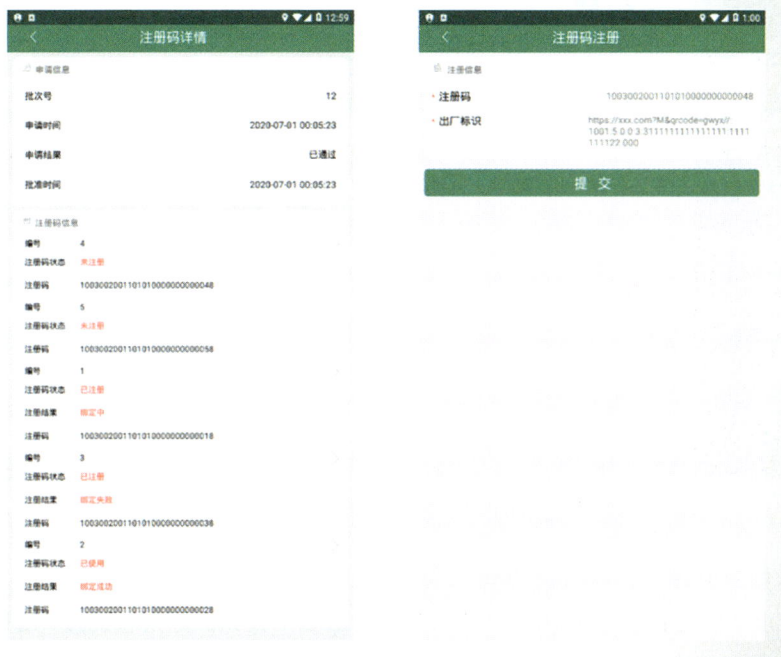

图 5-3-2　e 巡检 App 注册充电桩界面

二、充电验证（e 充电）

操作步骤：

步骤一：现场人员下载 e 充电 App，进行账号注册。

https://cdn-evone-oss.echargenet.com/IntentServe/index.html

步骤二：现场人员将已通过 e 巡检注册绑定的充电桩连接到新能源车辆上（新能源车辆需提前准备）。

步骤三：登录 e 充电 App 进行扫码启动充电测试。

三、平台接入调试及数据维护（建设云）

1. 建设云——（PC 端）充电桩接入调试

充电桩档案维护审核：对于正在进行车辆充电测试的充电桩进行调试。

操作路径：点击菜单"工程管理-联调测试-接入调试"。联调测试主界面见图 5-3-3。

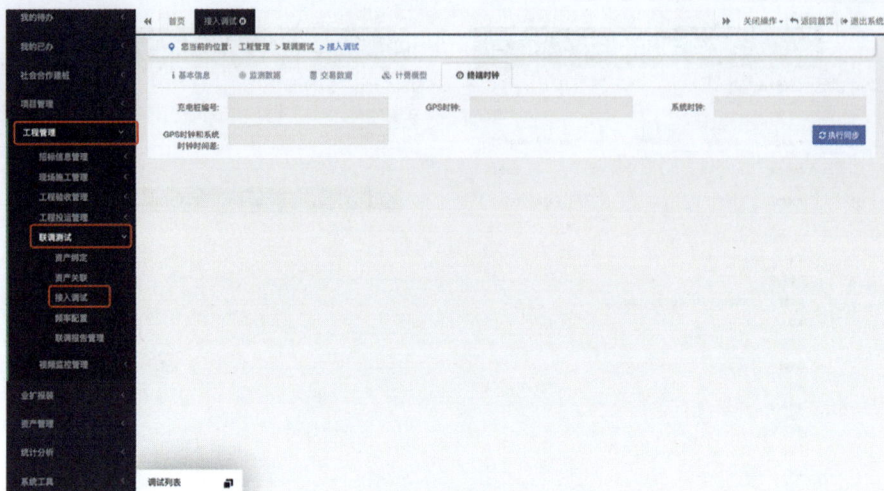

图 5-3-3　联调测试主界面

操作步骤：

步骤一：点击页面左下角"调试列表-展开"按钮，可查看已接入的桩列表。调试列表主界面见图 5-3-4。

图 5-3-4　调试列表主界面（一）

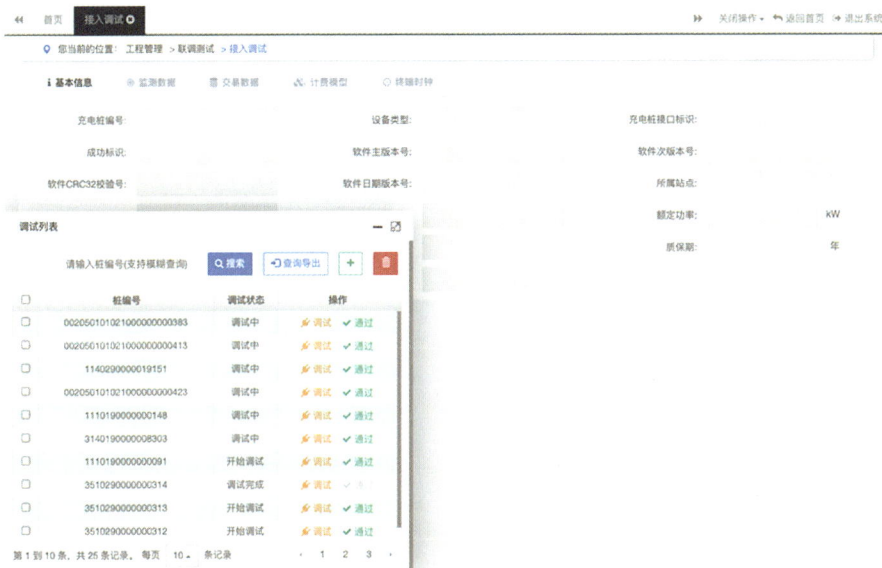

图 5-3-4 调试列表主界面（二）

步骤二：若列表中无需调试的桩编号，可点击"＋"进行新增。弹窗列表中为可选择的桩数据，可使用搜索功能将需调试的桩编号进行搜索，此处可多选，选择后桩数据将进入"调试列表"中。新增调试列表主界面见图 5-3-5。

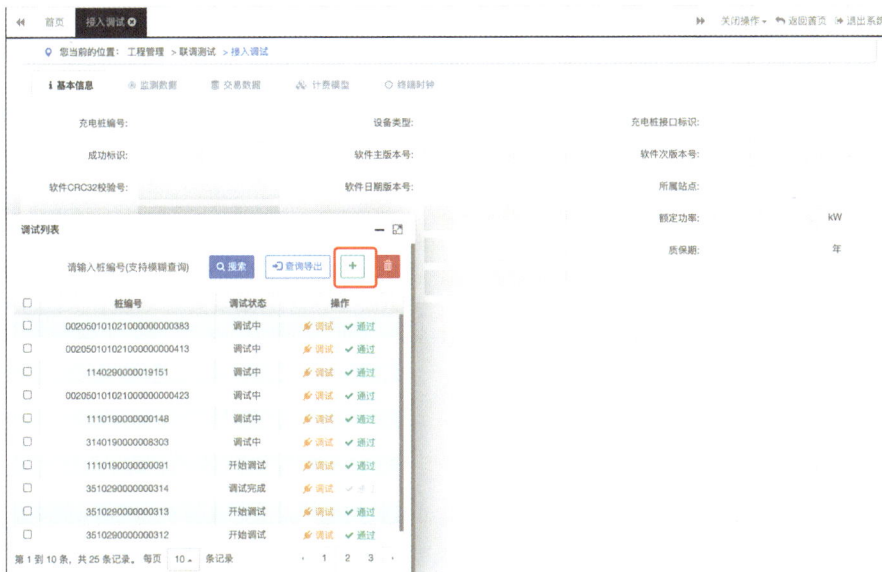

图 5-3-5 新增调试列表主界面（一）

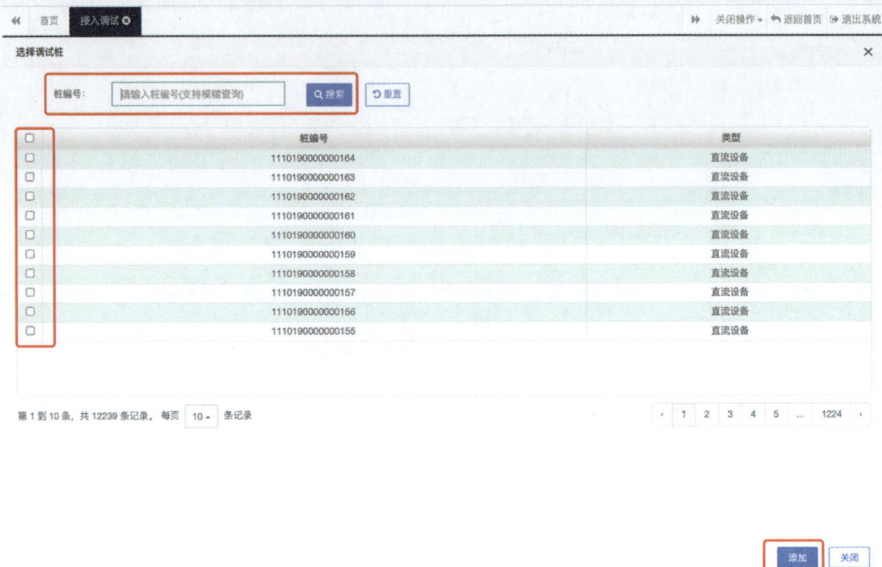

图 5-3-5　新增调试列表主界面（二）

步骤三：点击调试列表中的"调试"，正在测试的充电桩即可进行调试，并在后台可查看调试数据。调试数据主界面见图 5-3-6。

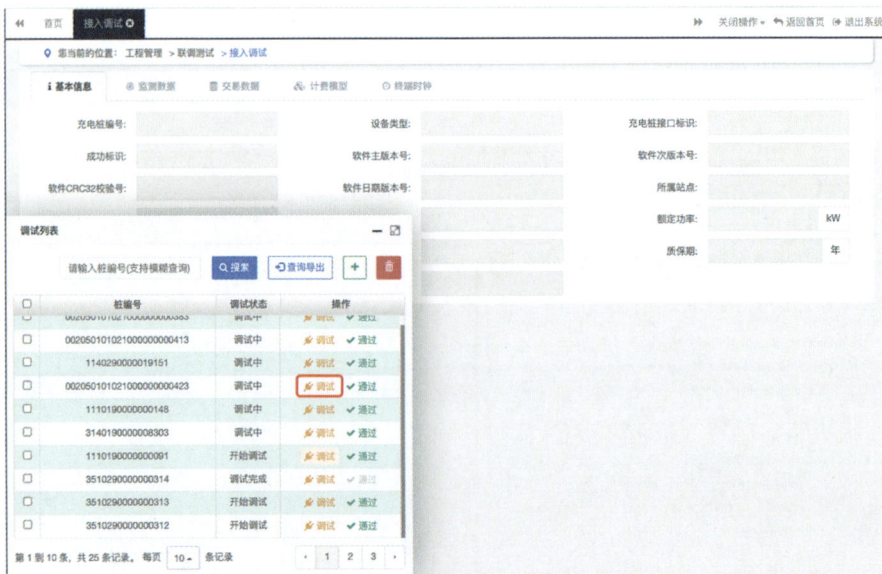

图 5-3-6　调试数据主界面（一）

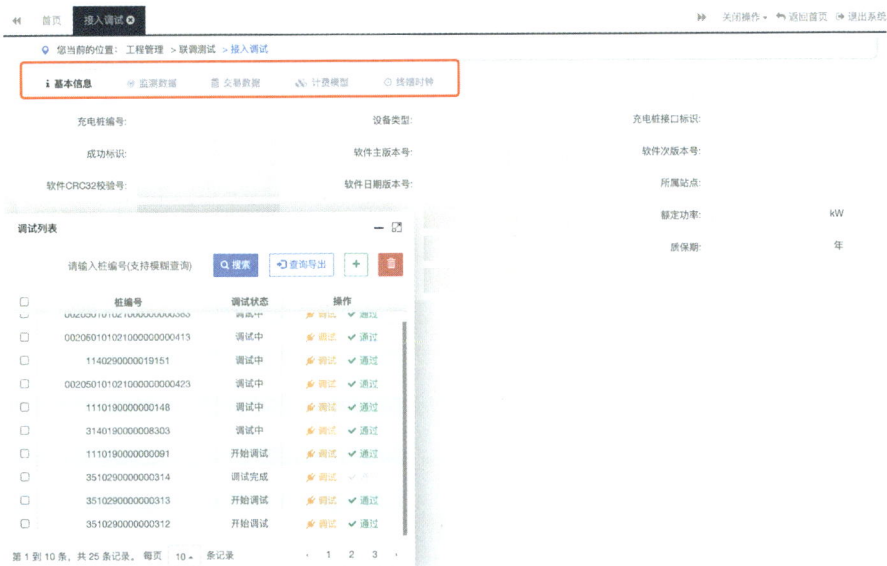

图 5-3-6　调试数据主界面（二）

　　步骤四：可点击调试列表的"查询导出"进行导出"接入调试记录"，以 Excel 形式进行导出。调试数据导出主界面见图 5-3-7。

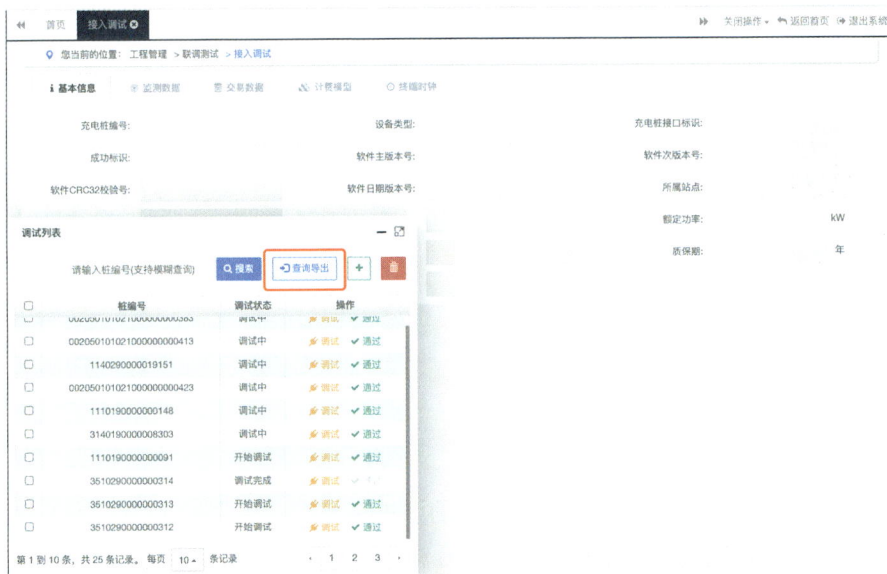

图 5-3-7　调试数据导出主界面（一）

139

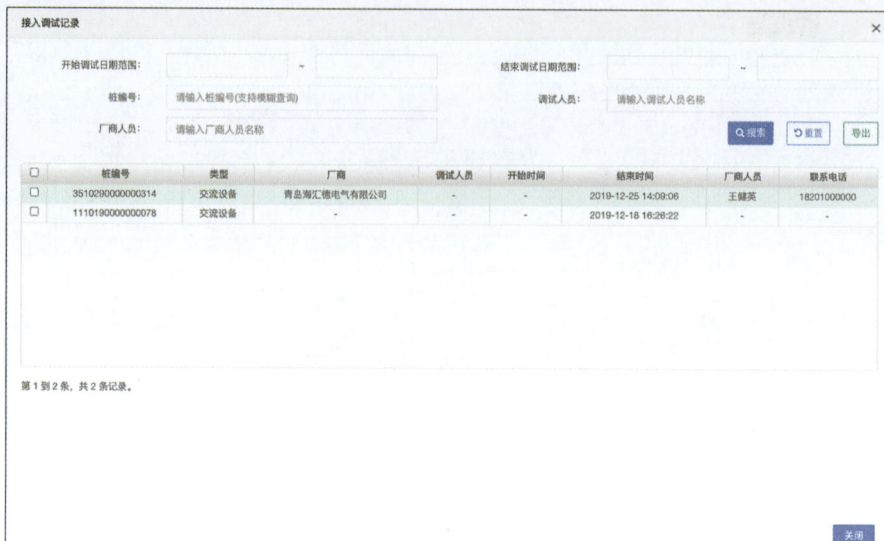

图 5-3-7 调试数据导出主界面（二）

步骤五：勾选"调试列表"中桩数据点击"删除"即可将删除桩。删除调试充电桩主界面见图 5-3-8。

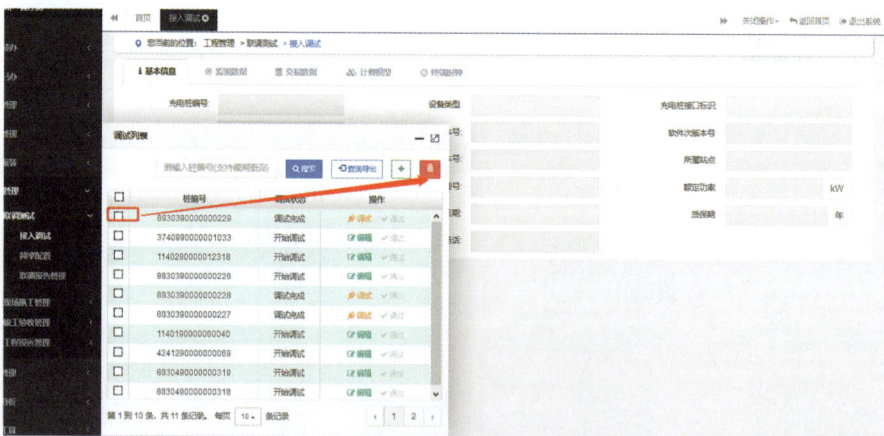

图 5-3-8 删除调试充电桩主界面

步骤六：查看正在充电测试充电桩的调试信息。

（1）缩小调试列表对话框，即可查看充电桩"基本信息"。包括充电桩编号、设备类型、充电桩接口标识、软件主版本号、设备厂商、设备型号、额定功率、最高电压、生产日期等信息。充电桩基本信息主界面见图 5-3-9。

图 5-3-9　充电桩基本信息主界面

（2）监测数据：可通过该模块查看故障告警数据、充电&非充电过程检测、SIM 卡网络信息监测、TCU 系统运行监测、位置时钟信息、表底值等信息。具体信息如图 5-3-10～图 5-3-16 所示。

图 5-3-10　充电桩监测数据主界面

图 5-3-11　充电桩监测数据——故障告警数据主界面

图 5-3-12 充电桩监测数据——充电&非充电过程监测主界面

图 5-3-13 充电桩监测数据——SIM 卡网络信息监测主界面

图 5-3-14 充电桩监测数据——TCU 系统运行监测主界面

图 5-3-15　充电桩监测数据——位置时钟信息主界面

图 5-3-16　充电桩监测数据——表底值主界面

（3）交易数据：通过开始时间，结束时间，交易流水号信息查询查看充电桩交易数据。充电桩交易数据主界面见图 5-3-17。

图 5-3-17　充电桩交易数据主界面

143

（4）计费模型：查看当前测试充电桩电费计费模型、服务费计费模型等信息。充电桩计费模型主界面见图5-3-18。

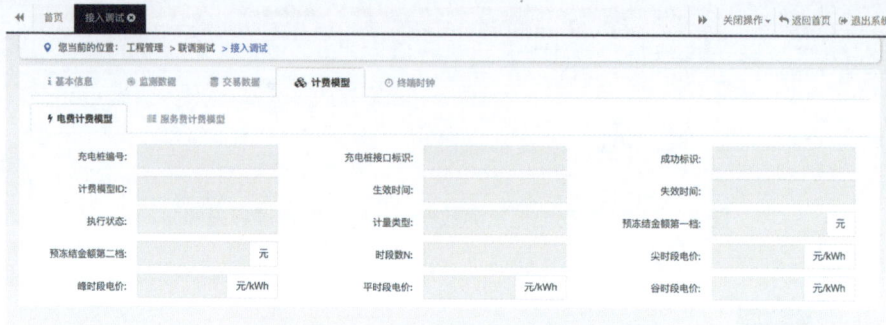

图5-3-18　充电桩计费模型主界面

（5）终端时钟：点击执行同步，同步并查看更新当前测试充电桩的终端时钟信息。充电桩终端时钟主界面见图5-3-19。

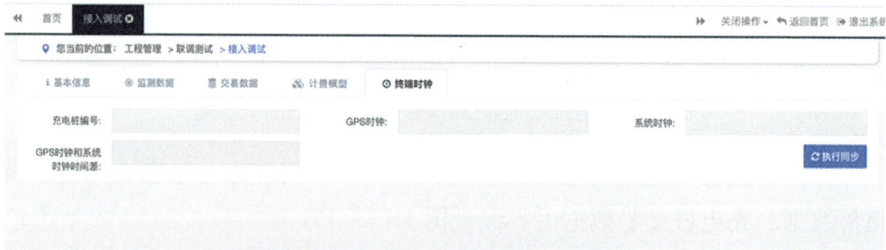

图5-3-19　充电桩终端时钟主界面

2. 建设云——频率配置

可配置充电桩运行方案及调试方案频率信息，包括交流充电过程实施监测频率、交流非充电过程实施监测频率、直流充电过程实施监测频率、直流非充电过程实施监测频率、告警故障全信息上传频率、桩位置和时钟信息上传频率、电表底值上传频率、SIM网络信息上传频率及TCU系统运行信息上传频率。可按照当前测试充电桩铭牌信息及实际运营需求设置，通过对比当前测试充电桩调试过程中频率上传结果，确定是否存在异常。频率配置主界面见图5-3-20。

操作路径：工程管理-联调测试-频率配置。

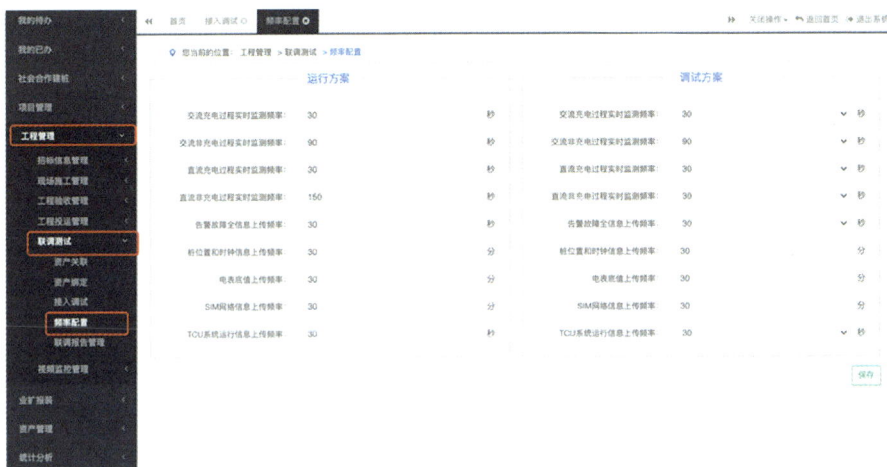

图 5-3-20　频率配置主界面

3. 建设云——联调报告管理

通过项目名称、工程名称、省公司、联调时间等查询条件查询工程调试信息。点击工程名称可查看调试信息详情，点击编辑可修改调试信息。支持操作者批量下载工程调试信息，以及录入新的工程调试信息。联调报告管理主界面见图 5-3-21。

操作路径：工程管理-联调测试-联调报告管理。

图 5-3-21　联调报告管理主界面

操作步骤：

步骤一：点击列表中工程名称可查看调试信息详情，包括项目名称、产权单位、站点名称、生产厂商等信息。联调报告管理调试信息主界面见图5-3-22。

图5-3-22 联调报告管理调试信息主界面

步骤二：点击列表中编辑可修改调试信息，包括项目名称、工程名称、站点名称、生产厂商等信息。联调报告管理编辑主界面见图5-3-23。

图5-3-23 联调报告管理编辑主界面

步骤三：选中勾选框点击下载，可批量下载工程调试信息。联调报告批量下载主界面见图5-3-24。

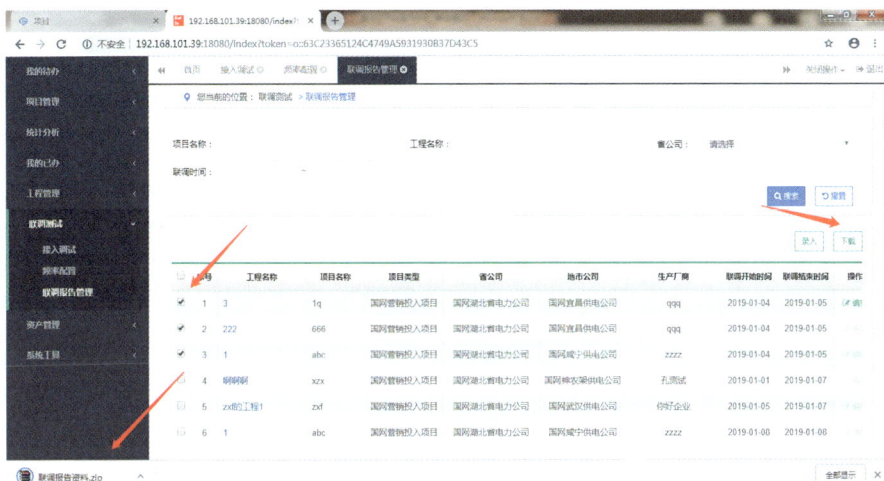

图 5-3-24　联调报告批量下载主界面

步骤四：点击列表中录入可填写新的工程调试信息页面，包括项目名称、工程名称、站点名称、生产厂商等信息。联调报告录入主界面见图 5-3-25。

图 5-3-25　联调报告录入主界面

4. 建设云——（App 端）充电桩接入调试

通过手机建设云 App 端也可实现充电桩接入调试工作。建设云 App 自动调试主界面见图 5-3-26。

操作路径：登录建设云 App，进入自动调试功能。

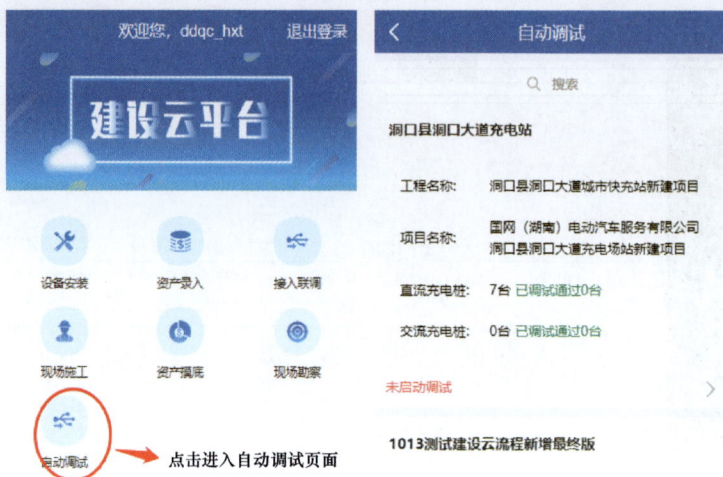

图5-3-26 建设云App自动调试主界面

操作步骤：

步骤一：点击未启动调试进入该站的调试桩列表页面。点击添加调试桩，进入后按照充电桩资产编码选择需要调试的充电桩。建设云App添加调试桩主界面见图5-3-27。

图5-3-27 建设云App添加调试桩主界面

步骤二：选中需要调试的充电桩，点击未调试进入调试页面。建设云App未调试充电桩列表主界面见图5-3-28。

图 5-3-28 建设云 App 未调试充电桩列表主界面

步骤三：点击启动调试即可开始调试，在此之前需要确认好充电桩的充电状态是否是在充电。在所有的充电方式都调试完成后该充电桩（枪）的调试才能算调试通过。建设云 App 启动调试主界面见图 5-3-29。

图 5-3-29 建设云 App 启动调试主界面

149

5. 建设云——充电桩档案维护

充电桩档案维护：指充电桩调试通过后，发起充电桩维护工单，提交项目管理单位审核，这里需注意：审核通过之前桩状态均为"待投运"。充电桩档案维护主界面见图5-3-30。

操作路径：点击菜单"我的待办-验收投运管理-充电桩档案维护"。

图5-3-30　充电桩档案维护主界面

操作步骤：

步骤一：通过充电桩编号、所属充电站、桩状态、生产厂家、设备类型、公专用（桩）、省公司、市公司、运营商、注册时间等查询条件搜索相关充电桩档案信息。充电桩档案维护搜索主界面见图5-3-31。

图5-3-31　充电桩档案维护搜索主界面

步骤二：勾选一条或多条项目，点击导出，可将勾选的项目以 Excel 文件形式进行导出。充电桩档案维护导出主界面见图 5-3-32。

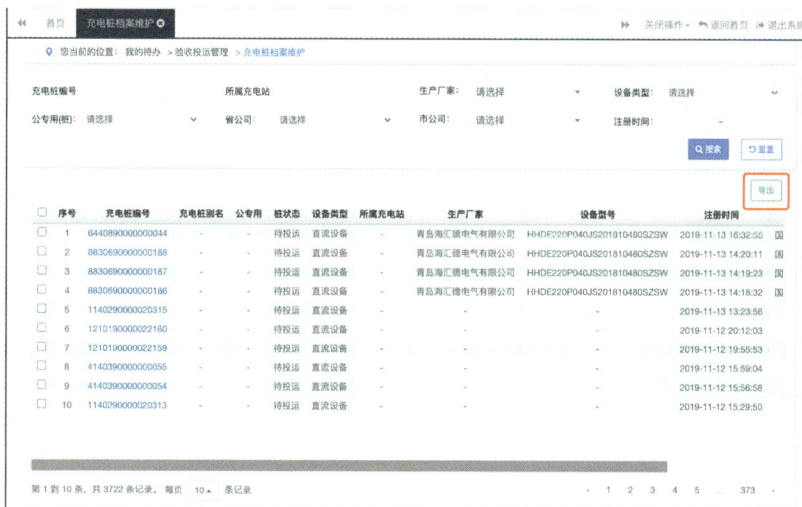

图 5-3-32　充电桩档案维护导出主界面

步骤三：点击列表中需要维护的充电桩编号，显示当前维护充电桩的详细信息，同时，按照充电桩铭牌内容编辑充电桩有关字段信息，包括使用年限、设备类型、投运时间、接口标准、生产厂家、设备型号、生产日期等信息。充电桩档案维护编辑主界面见图 5-3-33。

图 5-3-33　充电桩档案维护编辑主界面

步骤四：点击"保存"可保存已填写的信息，点击"提交"可保存并向上级提交已填写的信息；这里需注意：如直接点击"关闭"，系统不保存也不提交已填写过的信息，如图5-3-34所示。

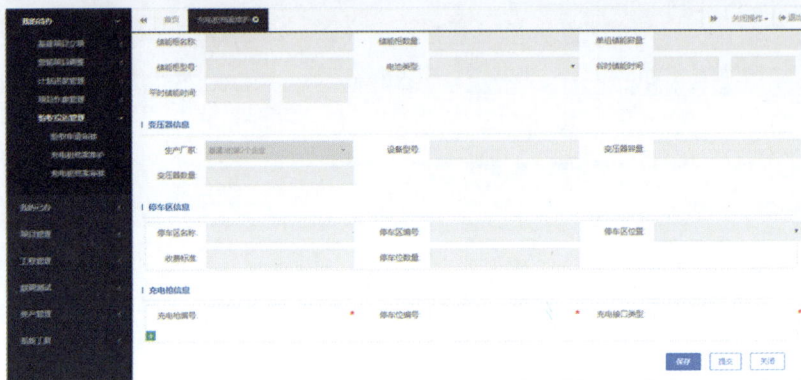

图5-3-34　充电桩档案维护保存、提交主界面

6. 建设云——充电站台账维护

系统内的充电站台账功能模块下，可实现充电站的查询、录入、修改、删除等功能，管理充电站信息的功能，系统操作页面如图5-3-35所示，其中充电站状态的由站内所含充电桩的投运状态决定，当站内任意一台充电桩状态为"投运"时，此站则为"投运"状态；当站内所有充电桩状态均为"待投运"时，此站则为"待投运"状态。

操作路径：点击菜单栏台账管理-充电站台账。

图5-3-35　充电站台账主界面

操作步骤：

步骤一：通过充电站名称、充电站位置、充电站状态、充电站类型查询相关充电站台账信息。充电站台账搜索界面见图5-3-36。

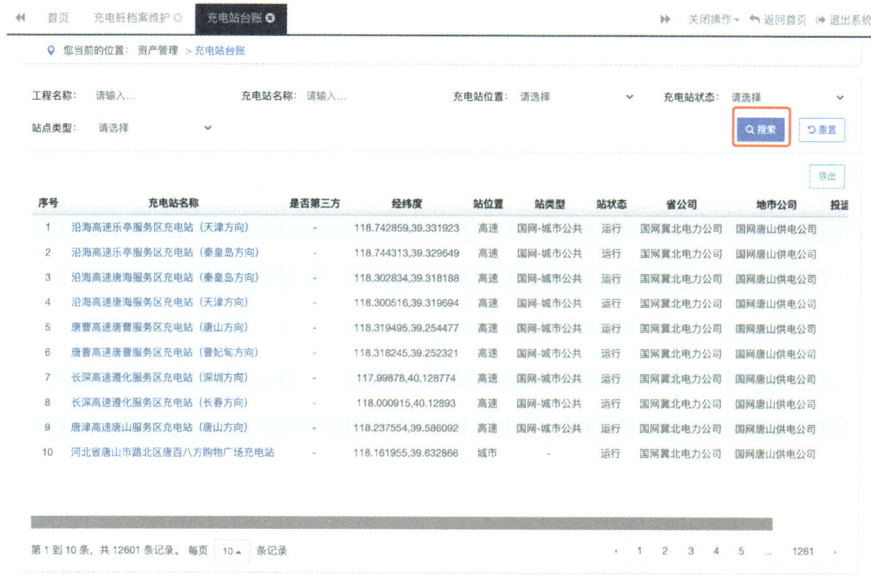

图5-3-36　充电站台账搜索界面

步骤二：操作人员可以对所有充电站台账信息以Excel格式进行导出。充电站台账导出界面见图5-3-37。

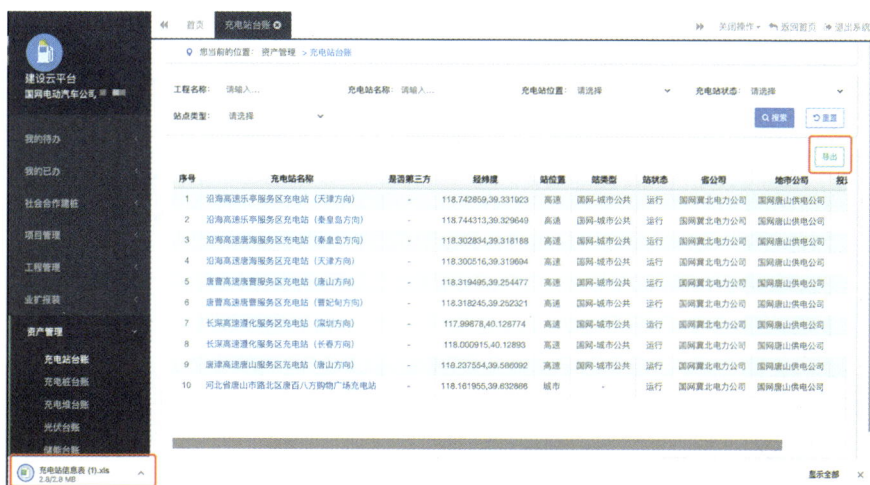

图5-3-37　充电站台账导出界面

步骤三：点击操作－编辑进行充电站信息的完善，包括充电站名称、产权单位、运维单位、省份、地市、运营商、充电站位置、建设场所、服务电话、管理单位、停车位信息等，完善后可点击"保存"进行充电站信息的存储。充电站台账编辑主界面见图 5－3－38。

图 5－3－38　充电站台账编辑主界面

7. 建设云——充电桩档案维护审核

充电站档案维护保存并提交后由项目管理单位审核提交的充电桩档案维护工单。充电桩档案审核主界面见图 5－3－39。

操作路径：点击菜单栏我的待办－验收投运管理－充电桩档案审核。

图 5－3－39　充电桩档案审核主界面（一）

图 5-3-39　充电桩档案审核主界面（二）

操作步骤：

步骤一：查询。

可通过资产编号、创建时间、省、市、站名称等查询条件查询需要审核的充电桩工单。充电桩档案审核查询主界面见图 5-3-40。

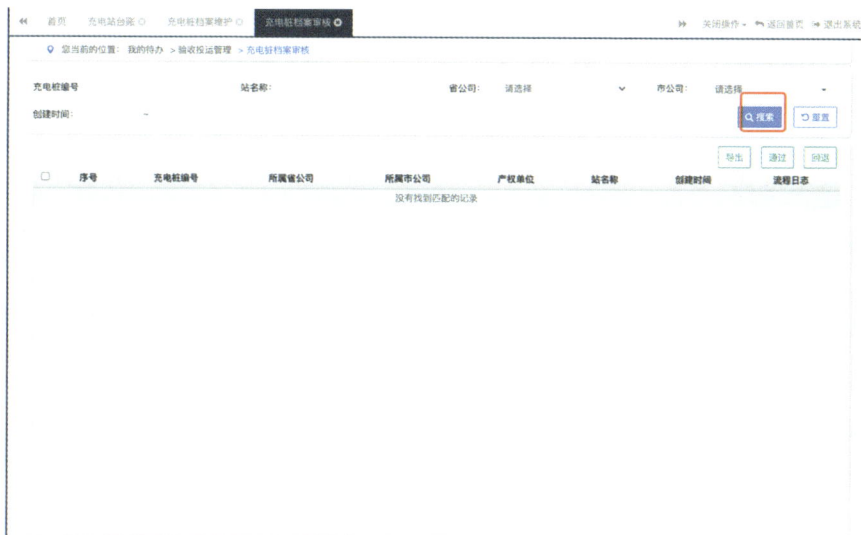

图 5-3-40　充电桩档案审核查询主界面

步骤二：导出。

勾选一条或多条项目，点击导出按钮，对勾选项目以 Excel 格式进行导出。

155

充电桩档案审核导出主界面见图 5-3-41。

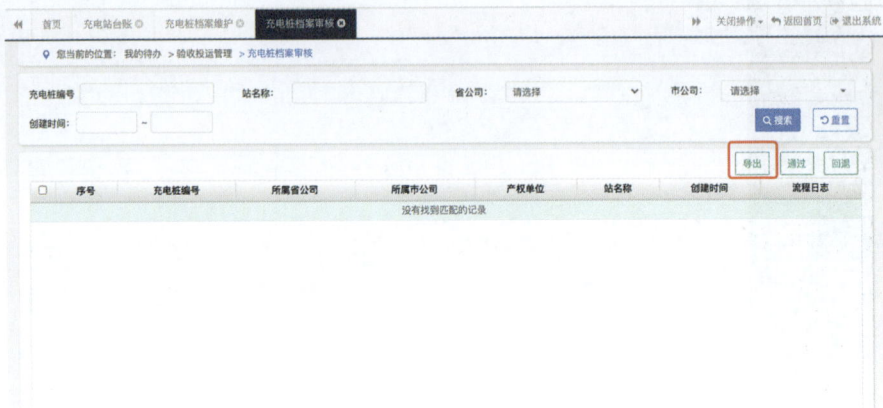

图 5-3-41　充电桩档案审核导出主界面

步骤三：审核。

勾选一条或多条项目，点击通过按钮，对勾选项目进行通过处理。

勾选一条或多条项目，点击回退按钮，对勾选项目进行回退处理。回退成功后返回填报人待办（填报人可在"我的待办-验收投运管理-充电桩档案维护"进行重新维护信息)，如图 5-3-42 所示。

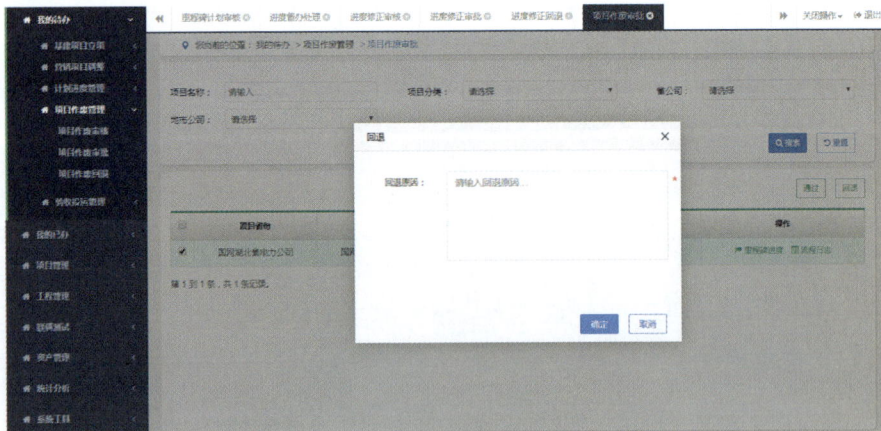

图 5-3-42　充电桩档案审核回退主界面

8. 建设云——充电桩投运审批

充电桩投运审批：指营销部审批提交的充电桩档案审核工单。充电桩投运审批主界面见图 5-3-43。

操作路径：点击菜单栏中我的待办－验收投运管理－充电桩投运审批。

图5-3-43　充电桩投运审批主界面

操作步骤：

步骤一、步骤二同充电桩档案维护审核。

步骤三：审核。

勾选一条或多条项目，点击通过按钮，对勾选项目进行通过处理，勾选一条或多条项目，点击回退按钮，对勾选项目进行回退处理，回退成功后返回填报人待办（填报人可在"我的待办－验收投运管理－充电桩档案维护"进行重新维护信息），如图5-3-44所示。

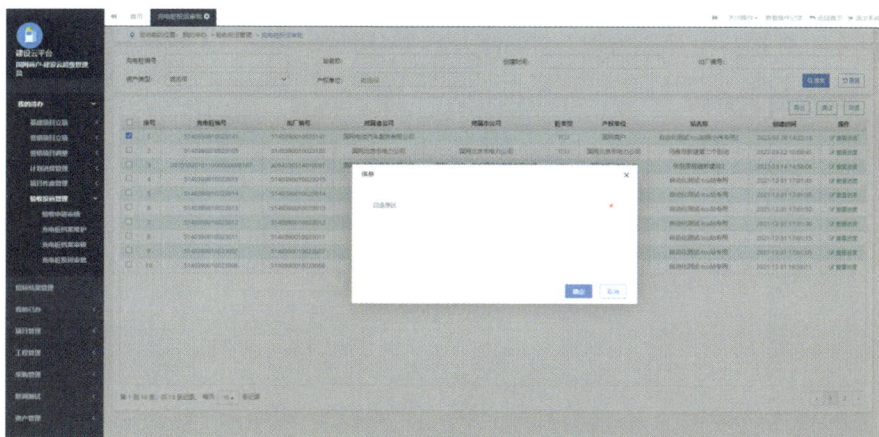

图5-3-44　充电桩投运审批回退主界面

157

四、平台资产数据维护——资产管理

操作人员需登录商户平台后，点击资产管理模块，该模块主要功能为对"已投运"的充电桩、充电站数据进行维护更新，同时可查看充电桩、充电站唯一资产编码。

1. 物联数据维护——桩数据维护

资产接入后可进行业务字段的维护，且待设备进行注册接入后数据可在桩数据维护页面中进行查看、编辑，如图 5－3－45 所示。

操作路径：物联数据维护－桩数据维护。

图 5－3－45　桩数据维护主界面

操作步骤：

步骤一：进入桩数据维护界面后，用户可查看资产的数据接入情况，点击"展开"可查看其他筛选条件，如图 5－3－46 所示。

图 5－3－46　桩数据维护展开查询主界面

158

步骤二：点击"资产码"列表数据可查看资产详情。桩数据维护资产码列表主界面见图5-3-47。

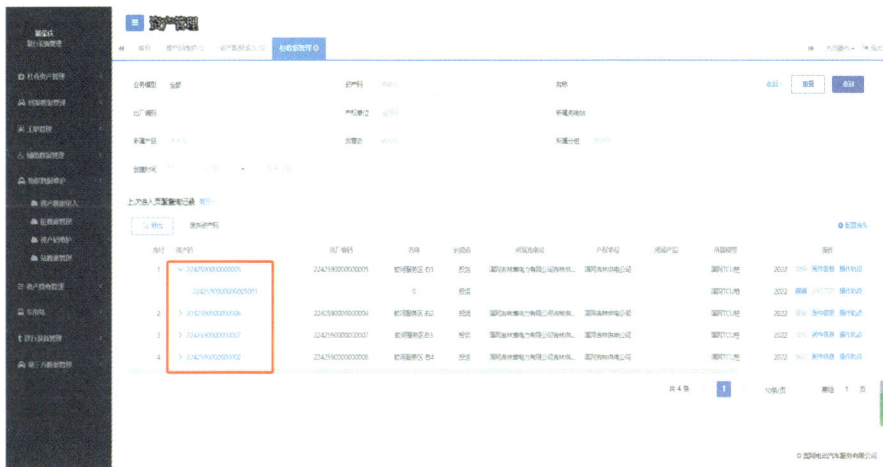

图5-3-47 桩数据维护资产码列表主界面

步骤三：用户可点击"操作-编辑"按钮进行设备数据的维护。桩数据维护编辑主界面见图5-3-48。

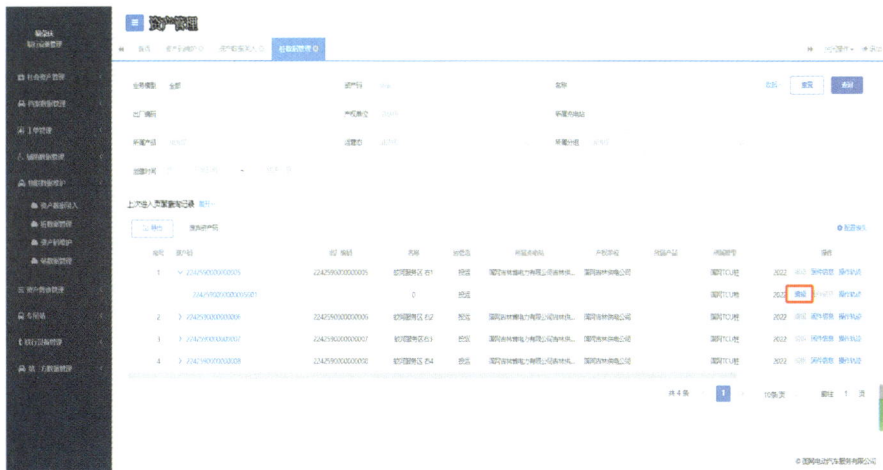

图5-3-48 桩数据维护编辑主界面

步骤四：完善充电桩字段，包括名称、所属场站、产权单位、桩性质、资产类别等信息。桩数据维护编辑内容界面见图5-3-49。

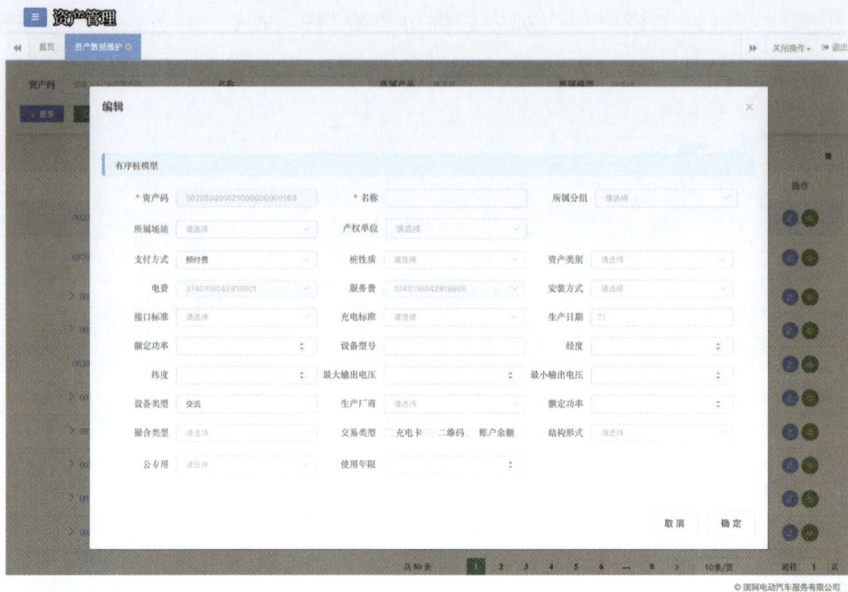

图5-3-49　桩数据维护编辑内容界面

2. 物联数据维护——站数据维护

功能说明：站数据的查看及创建可通过"物联数据维护-站数据管理"页面中进行操作、查看。

操作路径：物联数据维护-站数据管理，可创建、编辑、查看站数据，如图5-3-50所示。

图5-3-50　站数据管理主界面

操作步骤：

步骤一：点击"更多"可查看其他的筛选条件。站数据管理更多查询主界面见图5-3-51。

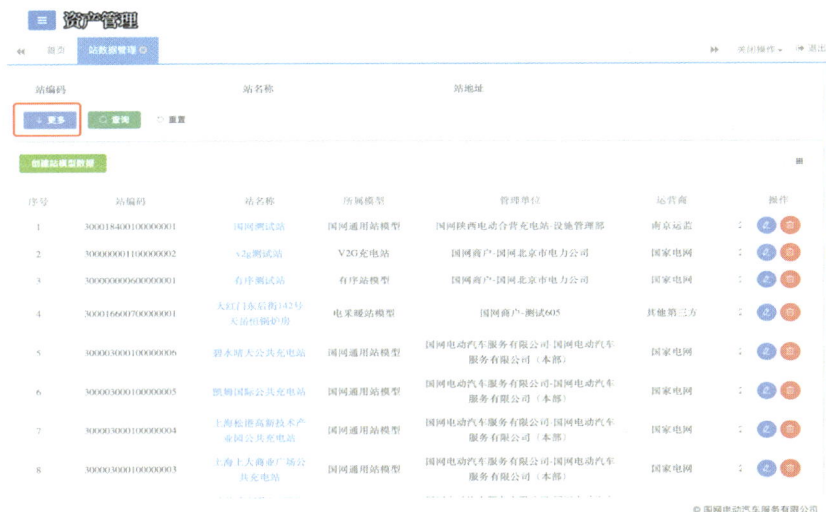

图5-3-51　站数据管理更多查询主界面

步骤二：创建站数据。

点击"创建站模型数据"，选择站模型，模型分类一般为国网 TCU 站，完善站名称、站地址、行政单位、管理单位、运营商信息，必填项全部填写完成即可点击"提交"成功。已创建完成的站数据可在站数据列表中进行查看。站数据管理创建站模型数据见图5-3-52。

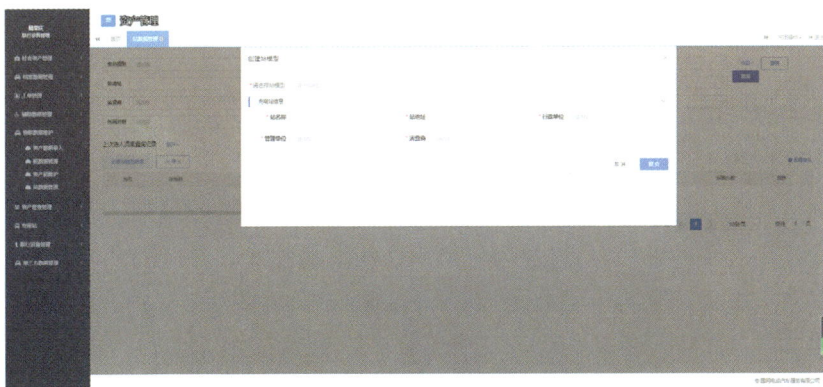

图5-3-52　站数据管理创建站模型数据

五、用户侧 e 充电 App 操作

1. e 充电 App 下载

e 充电 App 支持 iOS 系统和安卓系统，客户可在苹果应用商店、主流安卓应用市场和 e 充电网站下载，或扫描充电桩上二维码下载。

2. e 充电 App 模块作用

充电桩查找功能模块：

路径规划：为用户提供当前位置到目标充电桩位置的推荐路线和合理化建议；

充电桩查找：根据当前所处位置，提供周彪充电桩的相关信息，包括充电桩数量、类型、开发时间、距离等；

实时路况：显示当前实时路况，道路通畅程度；

线路导航：根据需求提供线路指引。

充电服务功能模块：

扫码充电：通过扫描充电桩显示的二维码进行充电；

充电码预购：用户可进行在线购买充电码功能，进行充电，根据实际充电量扣除费用。

我的钱包功能模块：

我的钱包：用户可进行账户金额的管理；

我的充电卡：用户可查看个人充电卡信息，进行充电卡的绑定、充值等相关操作。

3. e 充电 App 操作

e 充电 App 个人用户注册。

个人用户：使用手机号注册 e 充电账号。

企业成员用户：请联系企业管理员进行注册。

操作步骤：

（1）从【首页】、【我的】页面进入登录页，点击【注册】进入注册页。

（2）输入【手机号】，需勾选用户协议和隐私协议。

（3）点击【获取验证码】，并输入 6 位验证码。

（4）验证码校验成功，即可完成注册。后续可进行设置账户密码。

e 充电账号可登录 App、网站、微信小程序、支付宝小程序、高德小程序、网上国网 – 电动车模块等应用。

e 充电 App 个人用户登录方式

e 充电 App 支持手机快捷登录、密码登录、微信或支付宝授权登录、企业用户登录。

其中：对于微信登录，如注册手机号未绑定微信号，授权登录后，将跳转至绑定手机号的页面，完成绑定后即可登录。

手机快捷登录：推荐使用手机快捷登录（大部分用户使用此登录方式）。输入注册手机号后获取短信验证码，输入验证码后即可登录。未注册用户获取短信验证码后可直接创建 e 充电账号。

e 充电 App 实名认证

具体操作路径："我的"－左上角齿轮"设置"－"个人信息"－"实名认证"。用户输入姓名、身份证号、绑定身份证号的手机号码，并上传身份证正反面后，可提交实名认证。

e 充电 App 充电操作流程：

手机下载安装"e 充电"App，完成注册，存入一定金额。停车——将充电枪插入充电口——点击屏幕选择"e 充电扫码"充电——输入预充金额——生成二维码——打开"e 充电"选择充电扫码－扫描生成的二维码——充电起动开始充电——充电完成——在"e 充电"我的订单中查看验证码——输入验证码结算——拔枪。

第四节　平台的运营操作

运营监控系统归属于车联网商户平台，各省公司具备系统管理、规则管理、消息中心、监控中心、督办管理、个人中心 6 个系统模块，不同模块可配置相关功能权限。主要用于国网自营充电设施运行状态的实时监控，并对充电设施故障、离线等异常告警派发检修工单和调度功能。

一、车联网商户平台——运营监控系统

1. 主界面显示

在主页中显示本省地图、数据总览、运营数据、即时消息、督办事件、指标事件。点击省/市地图，页面相关内容跳转到所选省/市组织机构的监控数据。运营监控系统主界面见图 5－4－1。

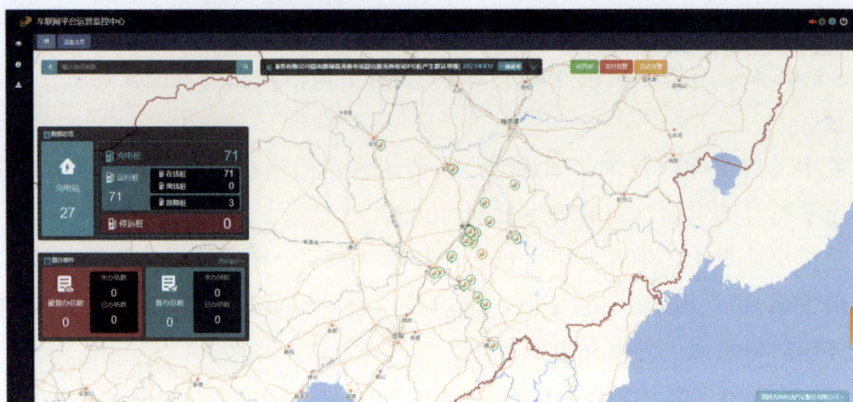

图5-4-1　运营监控系统主界面

2. 数据总览

数据总览显示本省实时充电站数量、充电桩数量、运行桩数量（在线、离线）、停运桩数量，其界面见图5-4-2。点击充电站可打开充电站监控页面，点击充电桩、运行桩、离线桩、停运桩可打开充电桩监控页面，见图5-4-3。

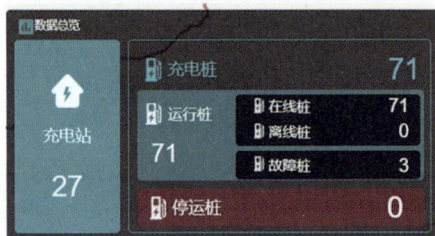

图5-4-2　数据总览界面

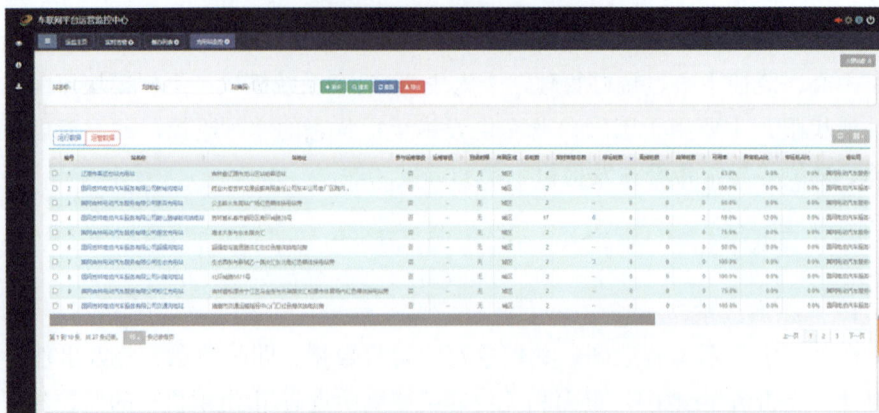

图5-4-3　通过数据总览点击进入充电站监控界面

3. 运营数据

显示内容包括月充电总电量、年充电总电量、累计充电总电量数和可按日、月、年维度查看的充电量、金额、订单数、用户数折线图。运营数据主界面见图 5-4-4。

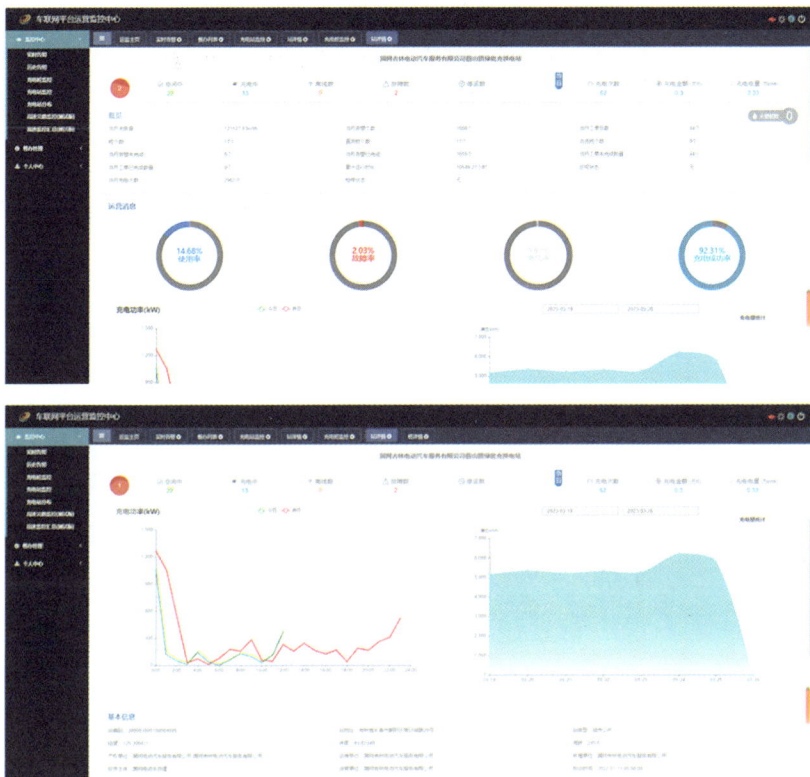

图 5-4-4　运营数据主界面

4. 实时派单事件

点击【一键派单】可对下级单位进行告警派单，见图 5-4-5。

图 5-4-5　实施派单事件界面

5. 督办事件

累计督办事件，红色表示被督办数（被上级单位督办），蓝色表示督办数（督办下级单位）被督办总数为累计值，见图 5-4-6。正在督办表示正在进行中事件，已督办表示已完结的事件。更多督办可显示督办事件明细，并有查询、搜索、重置、导出功能。通过点击被督办总数进入督办列表界面见图5-4-7。

图5-4-6　督办事件界面

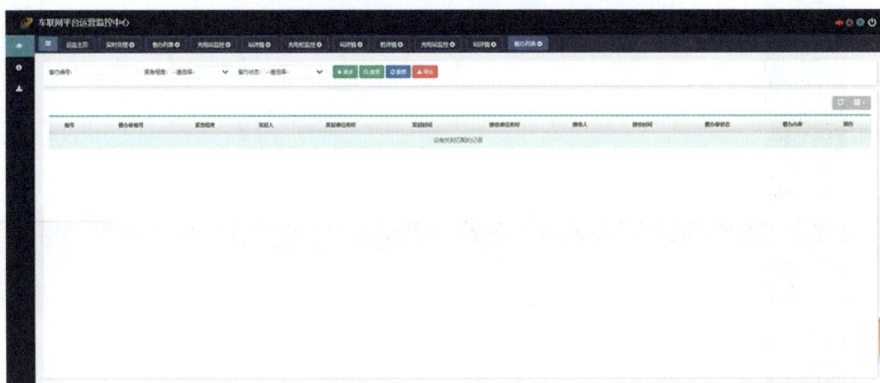

图5-4-7　通过点击被督办总数进入督办列表界面

二、车联网商户平台——实时告警

负责管理运营监控系统的实时告警信息，见图5-4-8。

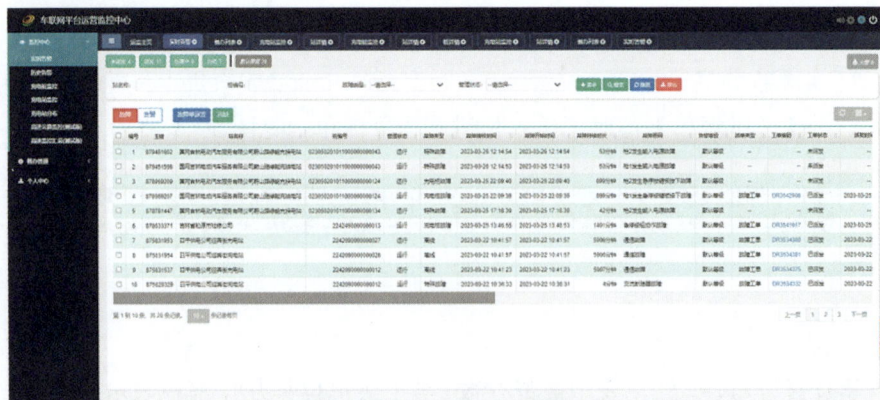

图5-4-8　实时告警主界面

（1）在页面中有"未派发""派发""处理中""办结"4 个状态切换键并在切换键上显示各状态告警对应数量。状态显示界面见图5-4-9。

图5-4-9 状态显示界面

（2）搜索条件有站名称、桩编号、故障类型、管理状态、桩类型、故障时间、故障原因、TCU 版本、运维单位、生产厂商。填写或选择搜索条件并选择告警状态即可查询对应告警信息列表，点击"更多"按钮即可展示全部搜索条件，点击"重置"按钮即可情况所以输入的筛选条件，见图5-4-10。

图5-4-10 条件筛选界面

（3）点击"导出"按钮，可将实时告警数据导出 Excel 表格，导出成功则弹出框提示到下载中心下载。下载中心主界面见图5-4-11。

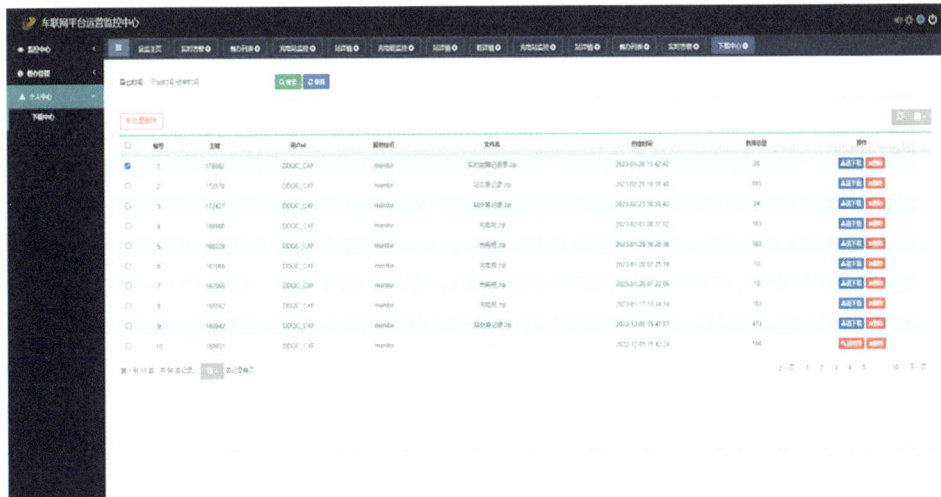

图5-4-11 下载中心主界面

（4）在页面点击不同的告警等级，可快速对告警信息进行筛选，列表展示的告警信息，与所选择的告警等级保持一致。单独筛选同一类告警信息界面见图 5-4-12。

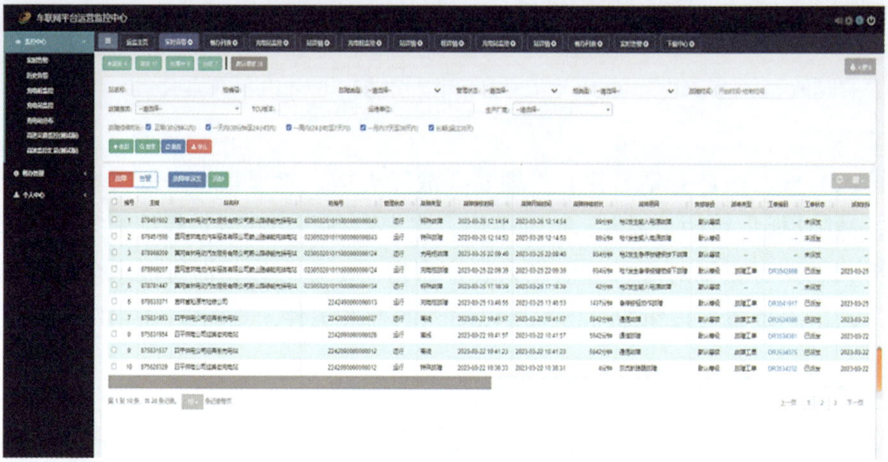

图 5-4-12　单独筛选同一类告警信息界面

（5）在"故障"列表中可以在选择未派发工单的实时告警信息后，点击"故障工单派发"进行派发处理，见图 5-4-13。派发的工单在运维检修的工单池中。

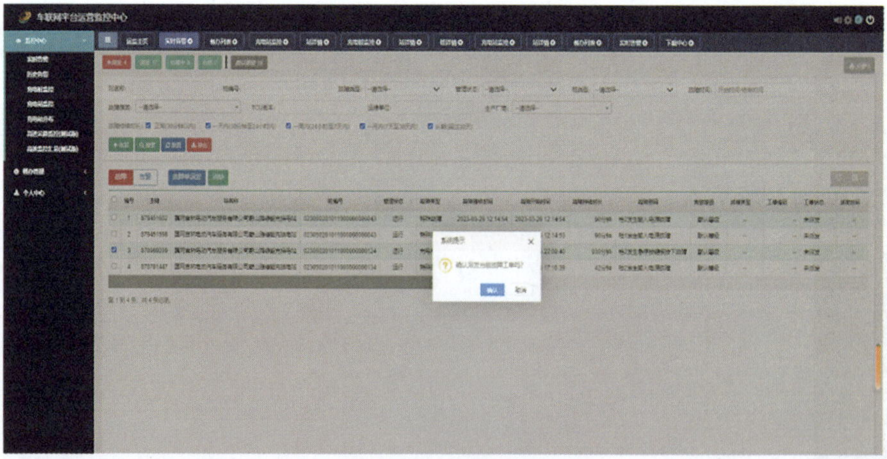

图 5-4-13　派发故障单界面

（6）已恢复正常的实时告警信息，可选择进行手动消缺处理，选中该告警信息，点击"消缺"对该告警进行消缺，如故障继续存在，则不能消缺。故障消缺界面见图 5－4－14。

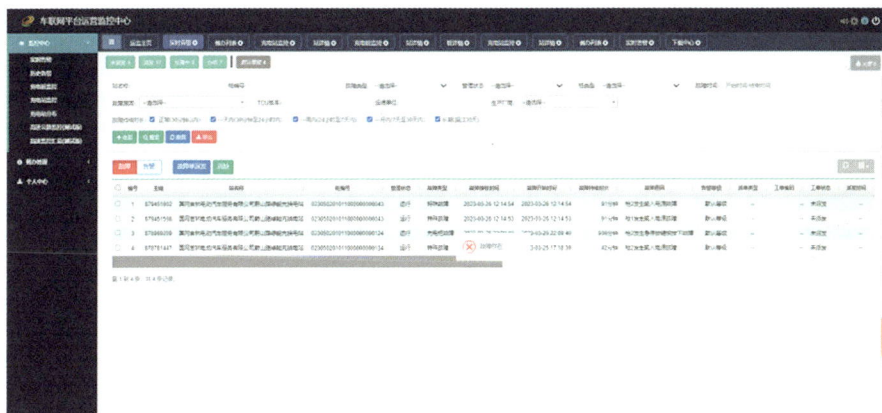

图 5－4－14　故障消缺界面

（7）实时告警信息分为"故障"和"告警"两个类别，对于影响充电的告警信息为"故障"类别，系统根据规则派发故障工单；不影响充电的告警划分为"告警"类别，系统默认不派发工单。

（8）在"告警"列表中可以在选择 1 条或多条未派发工单的实时告警信息后，点击"特巡单派发"进行派发处理，见图 5－4－15。派发的工单在运维检修的工单池中。

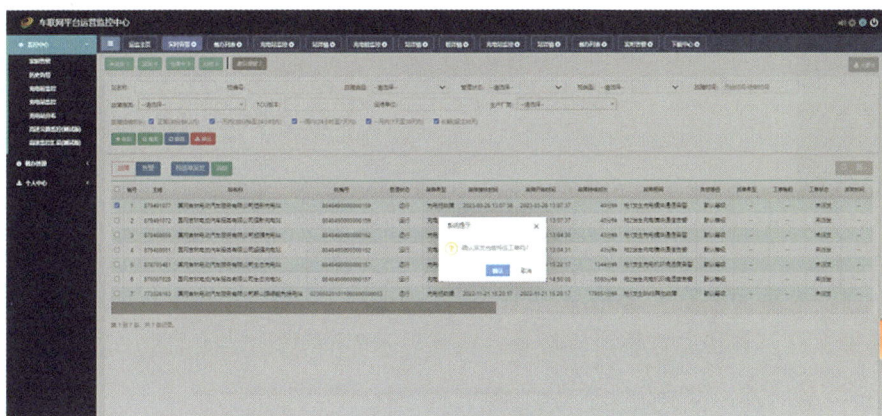

图 5－4－15　特巡单派发界面

（9）当有火警产生时，右侧"火警"按钮，颜色会变红，并显示数量，点击右侧"火警"按钮，可查看火警信息，见图 5－4－16。

图5-4-16 查看火警信息界面

三、车联网商户平台——历史告警

历史告警功能负责管理运营监控系统的历史告警信息内容，其界面见图5-4-17。

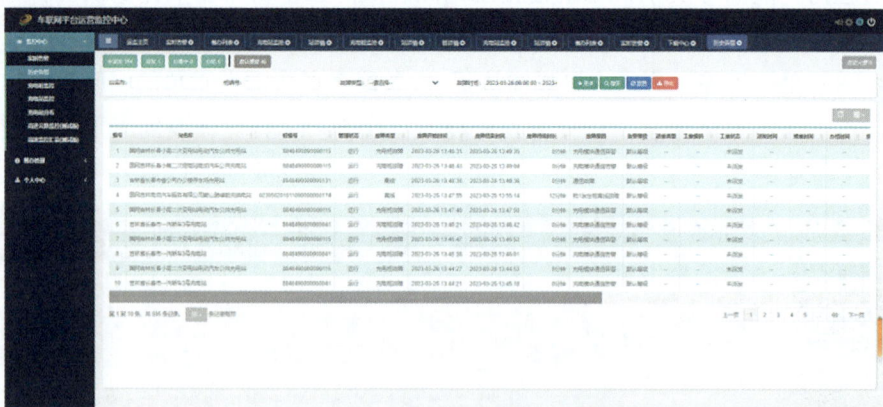

图5-4-17 历史告警主界面

（1）在页面中有"未派发""派发""处理中""办结"4个状态切换键并在切换键上显示各状态告警对应数量。状态显示界面见图5-4-18。

图5-4-18 状态显示界面

（2）搜索条件有站名称、桩编号、桩类型、故障类型、故障时间、桩类型、故障原因、TCU版本、运维单位、故障原因。点击"更多"则可显示全部搜索条件，填写或选择搜索条件并选择切换状态即可查询对应历史告警信息列表，点击"重置"则可将搜索框内所有内容清空。条件筛选界面见图5-4-19。

图5-4-19　条件筛选界面

（3）点击"导出"按钮，可将实时告警数据导出为Excel表格，导出成功则弹出框提示到下载中心下载。下载中心主界面见图5-4-20。

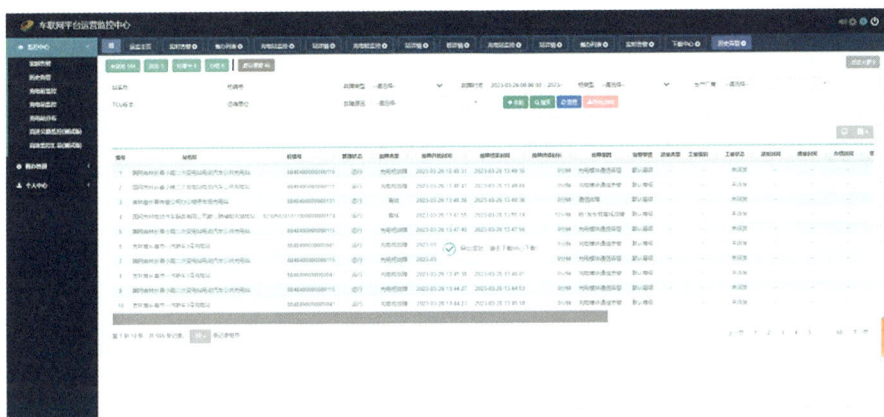

图5-4-20　下载中心主界面

（4）在页面点击不同的告警等级，可快速对告警信息进行筛选，列表展示的告警信息，与所选择的告警等级保持一致，见图5-4-21。

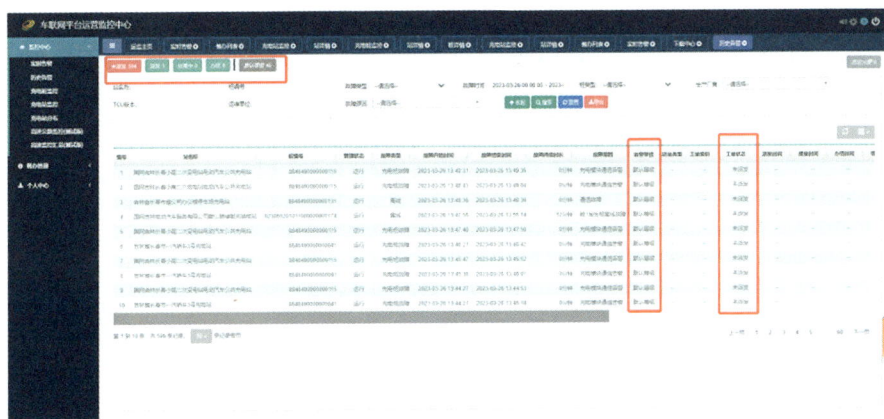

图5-4-21　单独筛选同一类告警信息界面

四、车联网商户平台——充电站监控

充电站监控功能负责管理运营监控系统的充电站信息内容，其界面见图5-4-22。

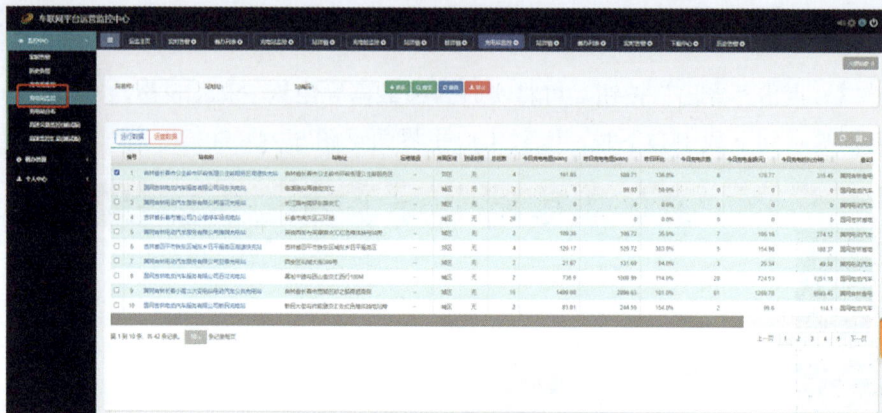

图5-4-22 充电站监控主界面

（1）充电站监控信息列表可以通过站名称、站地址、站编号、桩编号、运维单位等条件查询，点击"更多"按钮展开搜索条件，点击"重置"按钮将搜索框内容进行清空。充电站监控条件筛选界面见图5-4-23。

图5-4-23 充电站监控条件筛选界面

（2）可以通过点击"运行数据"和"运营数据"切换显示对应数据。充电站监控数据切换功能见图5-4-24。

图5-4-24 充电站监控数据切换功能

（3）在站详情页面中显示该站当日运行数据、运营数据、概览信息、运营信息、基本信息、充电桩信息列表、告警信息列表、交易记录列表、充电数据列表等，当日运行数据、运营数据始终在页面最上方显示。

页面最上方显示运行数据包括空闲中桩数量、充电中桩数量、离线桩数量、故障桩数量、停运桩数量等，运营数据包括日充电次数、日充电金额、日充电电量等，见图5－4－25。

图 5－4－25　站详情监控界面

（4）运营信息中显示使用率、故障率、离线率、充电成功率等百分比仪表图等，充电电量按日期变化折线图，充电电量统计折线图可自定义日期展示，见图5－4－26。

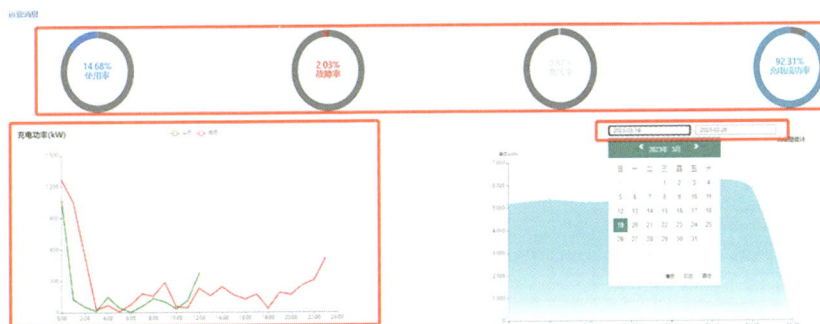

图 5－4－26　运营数据曲线图

（5）概览信息显示内容包括当月充电量、当月告警个数、当月工单总数、桩个数、直流桩个数、交流桩个数、当月告警未完成、当月告警已完成、当月工单数量未完成、当月工单数量已完成、累计运行时长、巡视状态、当月充电次数、检修状态等，见图5-4-27。

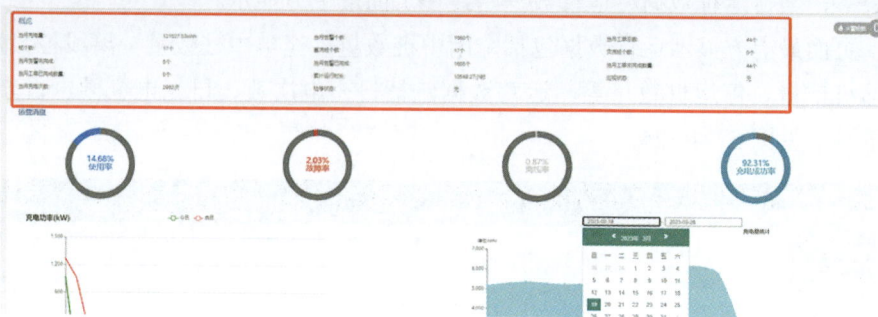

图5-4-27　充电站概览信息界面

（6）基本信息中显示站编码、站地址、经度、纬度、海拔、站类型、运维单位、产权单位、所属单位等，见图5-4-28。

图5-4-28　充电站基本信息界面

（7）充电桩信息列表可以通过桩编号、桩别名、厂商、工作状态、TCU版本、管理状态、通信状态等条件查询。搜索条件默认只展示一部分，需要点击"更多"按钮查看全部条件，点击"重置"按钮将搜索框内数据清空。充电桩信息列表界面见图5-4-29。

图5-4-29　充电桩信息列表界面

（8）点击充电桩信息、告警信息、交易记录、充电数据等按钮，可进行列表内容切换。内容切换功能界面见图5-4-30。

图 5-4-30　内容切换功能界面

第六章

充换电设施典型运营场景

第一节　充电站典型运营场景

一、场站情况

蔚山路充电站（见图6-1-1）为例，场区占地面积4700m²，总体规划为北侧场地建设29个公交车充电车位、12个小汽车充电车位，南侧场地建设1座换电站，西侧场地建设配套电源。投资418.2万元，配置19台交直流及V2G充电桩，最大服务能力650台次/日。实行"24h服务、365天经营"的模式。依托国网车联网平台，开展充电站工单流转、清分结算、运营监控、数据分析等运营管理工作。

图6-1-1　蔚山路充电站

二、操作流程

为安全完成充电作业，确保安全生产，充电运营服务须严格按照以下流程执行。

（1）对充电设备外观、屏显情况进行检查。

（2）进行充电操作时严禁用手或其他物体触碰充电枪头和车辆充电口。

（3）充电操作前必须确保车辆电源总开关已关闭。

（4）必须先确保充电枪头与车辆充电口连接可靠，才能启动充电机。

（5）充电时若需要中途停机，必须先手动点击"结束充电"（紧急情况按"急停"按钮）进行停机，待充电电流为零后才能拔出充电枪头。

（6）下雨天应要避免充电枪头被打湿，打湿的枪头必须用干布擦干后才能继续使用，否则会导致触电事故发生。遇雷雨天气时，应暂停充电作业。

（7）充电机长时间不使用时，应将充电机电源关闭。

（8）出现充电异常时，应检查车辆是否处于正常状态，充电机枪头是否插好等。如不能解决，应停止充电，记录故障，确认故障种类并及时联系技术人员进行处理。

（9）充电机出现故障时，应由专业人员进行维修，严禁非专业维修人员私自打开充电机前后盖。

（10）充电时过程每隔15min巡查一遍，若发现有明火应立即结束充电或按下充电机急停按钮。遇出现火灾等紧急情况，明火不大时应使用灭火器进行扑灭，严禁用水或泡沫灭火。如火势较大无法扑救，应及时拨打119报警，同时向公司领导报告，立即启动应急预案。

三、充电站运营监控

依托国网智慧车联网平台对充电站进行运营监控，如图6-1-2所示，登入车联网平台可以分别进入数据分析、运营监控、指标看板、综合画像分析系统即可抓取所需数据；重点关注充电量、充电收入、订单量情况、用户情况、利用率情况、零低电量充电桩情况、充电桩故障等指标数据，开展充电站日常监控管理。以2023年4月蔚山路站指标数据情况为例，介绍对充电设施运营情况监控工作。

图6-1-2 依托车联网平台功进行充电站运营监控的常用功能模块

1. 充电量

充电量是反应充电站运营情况的最主要指标数据。4月，国网车联网平台蔚山路站充电量为16.1万kWh，环比3月上涨5.68%。从近12个月的平台充电量方面来看，蔚山路充电站疫情后5月开始逐渐恢复，在23年后逐渐攀升，4月达到最高，详情见图6-1-3。

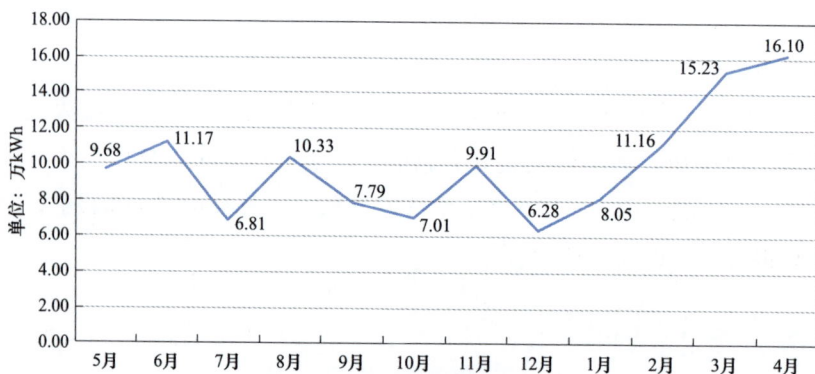

图6-1-3 充电量变化趋势

2. 充电收入

充电收入包括电费收入和服务费收入，其中电费收入需用来缴纳购电成本。4月，国网车联网平台蔚山路站充电桩收入为16.79万元，环比上涨8.92%；服务费收入为8.05万元，环比上涨11.60%，电费收入8.74万元，环比上涨6.57%，详见表6-1-1。

表6-1-1　　　　　　　　　　充 电 收 入 情 况

充电站	电费收入		服务费收入		总收入	
	本月累计收入（万元）	本年累计收入（万元）	本月累计收入（万元）	本年累计收入（万元）	本月累计收入（万元）	本年累计收入（万元）
蔚山路	8.74	27.37	8.05	24.21	16.79	51.58

3. 订单量情况

订单量情况反映的是到站充电的车次数。4月，充电订单3952笔，环比上涨1.07%；日均充电订单132笔，环比上涨4.76%，详见表6-1-2。

表6-1-2　　　　　　　　　　充 电 订 单 量 及 环 比

月份　数量	蔚山路充电站充电订单数			蔚山路充电站日充电订单数		
	3月	4月	环比	3月	4月	环比
订单量	3910笔	3952笔	1.07%	126笔	132笔	4.76%

4. 用户情况

用户情况是车联网平台上的用户数据。4月，车联网新增注册用户5793人，环比上涨11.92%。新增注册用户中，充电用户2611人，转化率45.07%。4月，充电用户数23144人，环比上涨26.89%，活跃度（当月充电用户数/注册用户数）为16.18%。

5. 利用率情况

利用率情况主要通过充电设备时间利用率来体现，即充电设备处于充电工作状态时间与正常在线运行时间的比值。4月，蔚山路充电站时间利用率31.58%，环比下降0.85%。

表6-1-3　　　　　　　　　　充 电 桩 利 用 率 情 况

充电站	投运时长	充电时长	利用率
蔚山路	12240h	3866h	31.58%

6. 零低电量充电桩情况

零低电量指标是目前国网公司对充电站运行情况的重要考核指标。

零电量判断标准：

（1）直流桩：月度充电量＜10kWh，周充电量＜2.5kWh。

（2）交流桩：月度充电量＜2kWh，周充电量＜0.5kWh。

低电量充电桩判断标准：

直流桩：10kWh≤月度充电量≤100kWh，2.5kWh≤周充电量≤25kWh。

交流桩：2kWh≤月度充电量≤20kWh，0.5kWh≤周充电量≤5kWh。

蔚山路充电站有1台因厂家缺配件导致长时间未进行消缺的低电量充电桩，其他无零低充电站充电桩。

7. 充电桩故障

定点查看充电桩运行情况，查看报故障桩故障码，故障较严重应及时反馈给工程部。

登录车辆网平台–进入运营监控板块，即可查看故障桩。

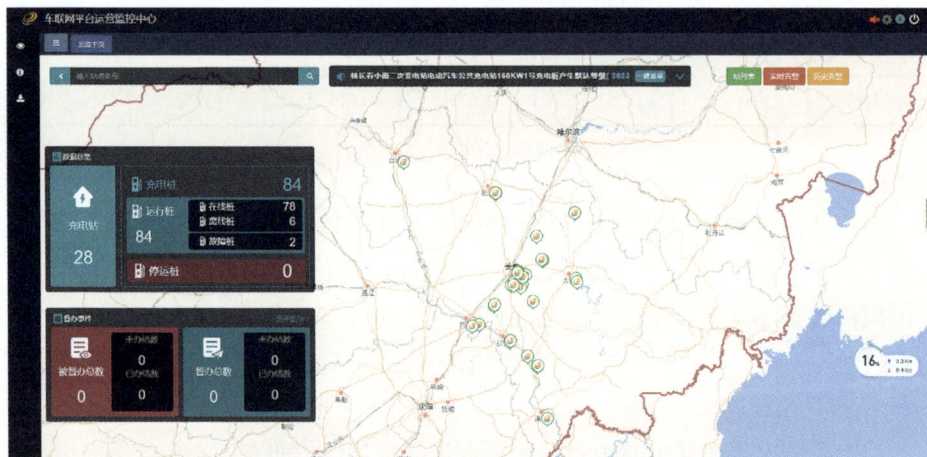

图6-1-4　设备状态运营监控模块

四、充电设备收费模型及清分结算

1. 收费模型设定

每月月末进行收费模型设定申请，根据相关文件要求，将分时电价按时段填写，填写完毕后提交。

（1）登录账号进入车辆网商户平台。

（2）点击左侧菜单栏"消费管理"。

（3）点击"计费模型申请"。

（4）所填内容如图6-1-5所示。

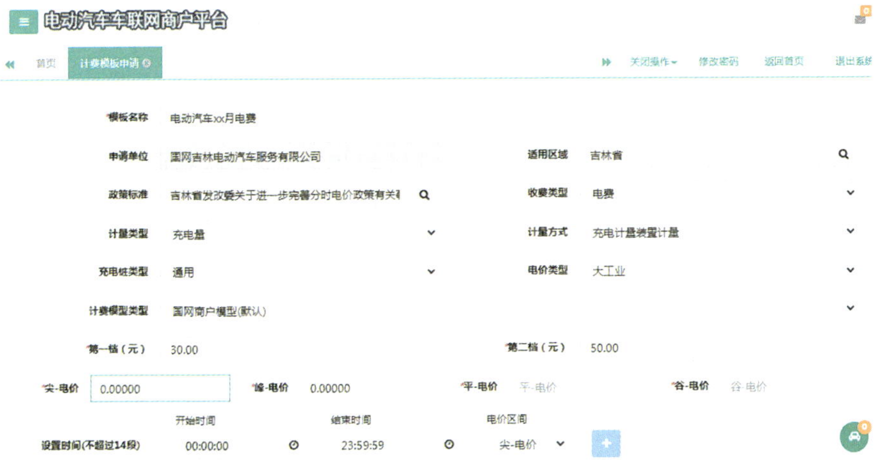

图 6-1-5　收费模型设定

2. 清分结算

进入商户平台 – 点击清分结算 – 清分数据查询。操作流程如下：

（1）操作员输入查询条件，点击【查询】按钮，展示该条件下的所有数据；点击【重置】按钮，清空所有查询条件，展示所有数据。

（2）点击页面右上角【导出】按钮，下载清分数据明细 Excel 表。

（3）点击数据操作列的【查看】按钮，显示清分明细弹出框。筛选所需数据即可。

五、提质增效措施

1. 线上引流

通过平台与平台间合作，支持使用新电途 App、新电途小程序（包括支付宝/高德地图/银联/云闪付等）在我方所有自营及代运营的线下充电站进行充电服务。通过其他充电平台产生的充电订单，充电用户按照我方的充电电费和充电服务费的价格以及计费体系交纳充电费用，之后以双方签订的合作协议来进行费用分成。

优化车辆充电营销策略，依托"车电包"，在元旦、春节、端午等重大节日和重要时间段开展储值优惠活动，多措并举提升用户充电体验，增加客户粘性，有效平衡低零电量站、偏远站流量。

2. 线下引流

通过寻找大客户（包括：公交车、新能源货车、网约车队）形式，增加充电场站客户数量，从而增加服务费收入。

通过与一汽集团合作开展"一汽红旗,走进国网"购租车活动,吸引大批红旗车主来我司所建充电站进行充电,反响较好。

3. 技术创新

通过对充电过程电池状态数据、环境数据等进行大数据分析,实时评估充电状态,预警到风险时,及时终止充电过程,充电完成后,生成电池健康体检报告反馈用户,使用户了解电池运行工况,降低使用风险。

4. 资源共享

通过将充电站、5G、数据中心等新基建基础设施进行融合建设,场地、设备设施、配套电源集约共享,降低投资成本和运维成本。利用数据中心、北斗等资源,开展导航、引流、促销活动,实现场站一体化运营,吸引更多客户体验智能便捷服务,提高充电站整体收益。

六、工作成效

1. 运营指标不断提高

2023 年 4 月充电运营状态处于不断提高良好态势。充电收入,国网车联网平台蔚山路站充电桩收入为 16.79 万元,环比上涨 8.92%;服务费收入为 8.05 万元,环比上涨 11.60%,电费收入 8.74 万元,环比上涨 6.57%;充电订单 3952 笔,环比上涨 1.07%;日均充电订单 132 笔,环比上涨 4.76%;车联网新增注册用户 5793 人,环比上涨 11.92%。新增注册用户中,充电用户 2611 人,转化率 45.07%;充电用户数 23144 人,环比上涨 26.89%,活跃度(当月充电用户数/注册用户数)为 16.18%。蔚山路充电站时间利用率 17.67%,环比下降 0.85%。充电设备整体时间利用率 23.81%,环比上涨 2.89%。

2. 充电服务应用场景多元

实现充电智能化,提高充电服务水平。基于防护模型工作原理,依托大数据分析的充电管理系统识别出充电过程中的异常行为,对充电过程进行实时监测和全面防护;建立基于大数据分析的实时柔性充电控制模型,实现充电过程柔性管理。建立动力电池健康评估模式,为客户评价电池健康状况,确保电池高效使用。引导用户智慧充电,提升用户绿色出行体验。结合实时电价和峰谷电价等信息,综合引导客户进行有序充电,降低用户充换电成本。打通与车联网的交互,提供精准定位及导航,通过对充电资源和线路的智能分析,提供"一键找桩"服务,提升用户绿色出行体验。多元应用场景见图 6-1-6。

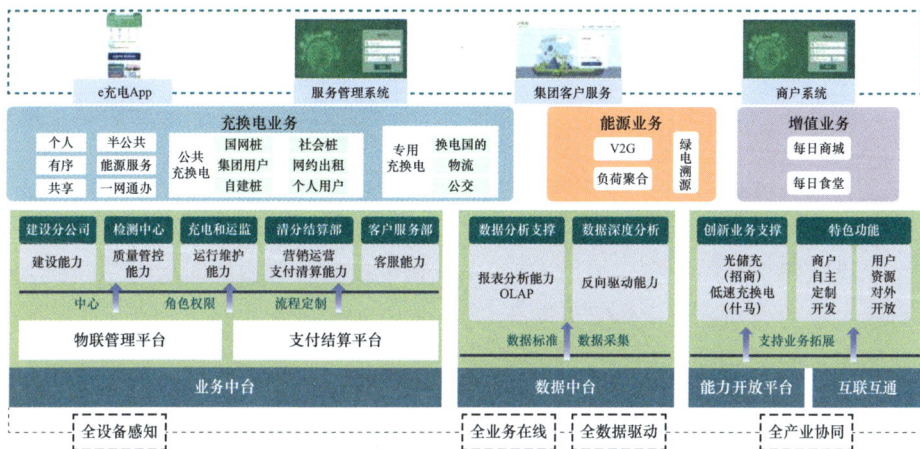

图6-1-6　多元应用场景

3. 运营服务模式持续优化

从客户需求出发，围绕绿能服务，开展充电服务营销活动、电动汽车电池健康管理、智慧充电分区引导、一键找桩、广告增值服务等运营服务。基于云平台实现充电业务、能源业务及增值业务在线管控，开展规模化的电力市场交易活动，增加绿色能源利用率。发挥"融媒体、大数据"优势，通过车电包、分时优惠等增加客户粘性，提高运营效率。为客户提供定制套餐，电池健康体检等服务，增强客户获得感。配套餐饮、商业、休闲娱乐等服务综合体，提升客户消费体验。运营服务模式见图6-1-7。

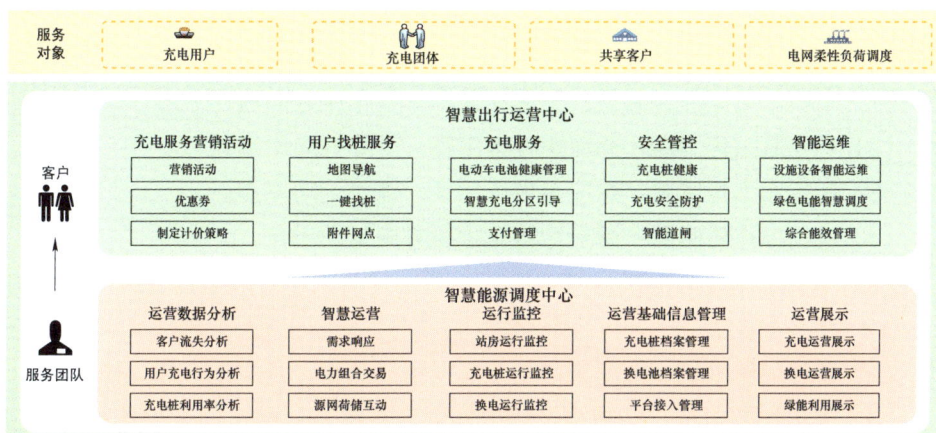

图6-1-7　运营服务模式

第二节 换电站典型运营场景

一、场站情况

以飞跃路换电站为例，采用 60 块电池换电设备，总占地面积约 700m²，理论日最大能力为 960 台次，配套建设 4 台 630kVA 箱变和 1 台环网柜。典型换电站实物图见图 6-2-1。

图 6-2-1 典型换电站实物图

换电站设备主要零部件名称及作用：

（1）车头车尾原点传感器：感应穿梭车车头车尾方向运动原点。

（2）举升原点传感器：感应穿梭车举升，下降方向原点。

（3）锁控原点传感器：感应穿梭车解锁，锁紧运动原点。

（4）进出原点传感器：感应穿梭车进出方向运动原点。

（5）车头车尾伺服电机，减速机：主要实现与汽车行驶方向对准和码垛机对准。

（6）锁控伺服电机，减速机：主要实现电池锁止，及电池拆卸动作。

（7）进出伺服电机，减速机：主要实现穿梭车到达换电通道位置和到达与码垛机交换电池位置。

（8）举升伺服电机，减速机：主要使穿梭车到达换电高度进行拆装电池，

及与码垛机交换电池。

（9）搭桥住：主要用于顶开二次锁锁舌。

（10）托盘弹簧：高度 73mm，用于拖住电池托盘及确定位置。

（11）解锁顶销：用于顶开车上解锁连杆（锁销顶出时，搭桥柱内壁到解锁顶销距离为 349±1mm。）

（12）锁销顶出，缩回传感器：控制锁销顶出，缩回距离。

（13）解锁电机：同于控制锁销顶出和缩回。码垛机主要功能：准确地与穿梭车进行电池包交换，准确地从充电架上进行电池包的装取。

（14）码垛机控制柜：码垛机电源，控制开关，数据传输。

二、换电服务

1. 投运前准备

（1）备用电池接收。准备两根 5t 4m 长的绑带，对折绑上以后分别套住电池的前后的两个锁柱之间；找到电池铭牌位置进行拍照，（照片为电池进仓以后入网使用）；电池进仓以后首先看显示页面是否显示正常，查看电池铭牌与系统显示页面是否一致，如果电池编码不一致封仓处理等待电池银行刷码；如果二者统一可以对所在仓位电池进行入网；电池入网时使用站端操作员 App 选择备用电池入网——输入电池编码，提交铭牌照片——进入第二页面–资产归属选择羿动新能源——质保单位选择一汽红旗；电池进仓以后手动对电池进行充电，所有电池不可以同时进行充电，每组充电架不可以超过三块电池同时充电。

（2）物资准备。应提前准备换电站运营当中所需的一切物资，并按照相关运营规程就行摆放。所需物资包括工器具、日常消耗品、消防安全用品、清洁工具、通信设施、维保用品等。

（3）检查通讯功能是否正常。站端路由器插上流量卡 20min 以后查看站端电脑网络是否正常；站端收费平台账号是否登录正常；操作员 App 时候登录正常；客户端 App 显现站端电话是否正确；收费系统正常；以上为通信是否正确，满足以后站端可以正常开站运营。

2. 入网操作

（1）车载电池入网。车载电池入网唯一和备用电池入网的区别在于操作员 App 选项里要选择车载电池入网，并且输入车辆车牌号码，其他步骤与备用电池入网一致。

（2）驾驶员入网。需要客户提供身份证，手机号。在奥动收费平台里点击会员信息管理→新增→输入手机号→选择出租车类型→身份证→所属机构；帮助司机在应用商店里下载奥动换电 App，点击换电换电 App→忘记密码→输入手机号→发送验证码→设置登录密码→返回登录首页→重新登录。

（3）车辆入网。需要提供行车证。在奥动收费平台里点击车辆信息管理→新增→输入车牌号→输入车辆类型→填写主机厂一汽红旗→车型 EQM5→填写VIN→填写电动机号→填写电池编码→填写车辆所属机构→站端名称。

（4）平台会员类型更改、车辆类型更改。平台会员类型更改：登录奥动站端管理平台→客户信息管理→会员信息管理→选择更改会员手机号→点击进入→类型切换→里程用户转里程用户先转电量选项再转里程→同时转换余额选择是→备注填写原因。

车辆类型更改：登录奥动站端管理平台→客户信息管理→车辆信息管理→选择车牌号→点击进入→类型切换→直接选择车辆变更类型即可→备注填写原因。

3. 换电流程

（1）手动分步取电池操作流程。开窗→到取电池高度→到进出待命→运动到汽车→与汽车对准→到预解锁位→锁销顶出→穿梭车升起→下降到位→到解锁预推位→到解锁位→到装电池高度→穿梭车落下→到进出待命→运动到码垛→平台调平→关窗。

（2）半自动分步取、装电池操作规程。开窗→车上取电池→码垛机到交换位→穿梭车向码垛机装电池（指定仓位）→从码垛机到充电架（指定仓位）→从充电架到码垛机→码垛机到交换位→穿梭车从码垛取电池→车上装电池→关窗。

（3）仓位到穿梭车手动分步取电池。指定仓位→粗定位→精定位→到取电池高度→托盘伸出→到装电池高度→托盘缩回→码垛机到交换位→与码垛对准→穿梭车升起→到交换装电池高度→托盘伸出→到交换取电池高度→托盘缩回→运动到交换位→穿梭车落下。

（4）确认车辆开启换电模式规程。车辆停到指定位置以后准备换电；选择屏幕下方小人图标进入到功能菜单；选择车辆设置；确保车辆档位 N 档，手刹松开；在车辆设置界面红色框区域触摸上划找到换电模式并打开；弹出确定开启换电模式窗口选择确定；等待几秒车辆显示屏断电黑屏，可以正常换电。

（5）锁止情况判定规程。换电监控系统通过视觉识别全自动判断落锁状态；当视觉相机判定成功时方可放行车辆；处理异常锁完成时，应手动进行锁止确认。

（6）确认车辆关闭换电模式规程。换电结束后踩住刹车踏板，车辆自动通电；找到换电模式并且关闭，弹出窗口点击确定，观察确认换电模式已关闭；车辆驶离换电平台。

4. 站内管理

（1）操作间内《消防安全管理制度》《换电站安全管理制度上墙》《应急预案》制度应上墙。

（2）换电站内应该张贴标准指示标识。

（3）员工进入换电站内工作必须穿好劳动防护用品、工装、工作鞋。

（4）工作人员严禁进入工作区域。

（5）站内设备维修时，该区域放置安全警示标识。

（6）整车换电时，在换电区域禁止无关人员入内。

（7）严禁在站内吸烟，禁止在站内打闹嬉戏。

（8）操作人员必须能熟练操作设备换电，通过培训考核才允许操作设备、防止误操作造成的人员及设备事故。

（9）认真检查是否回原点，设备位置是否正常，各项传感器是否处于正常工作状态，确保换电区域及充电仓内无人员、动物进入，防止造成意外伤害。

（10）操作人员应该严格执行操作流程，两人一组电池下架，检查吊装带是否捆绑到位，电池放置换电设备上之前应仔细检查设备及托盘是否放置到位，无损坏。电池放置到充电仓后应检查是否对接正常。对接正常后检查电池是否内部损坏。

（11）换电站交接班巡视每天交接班前检查是否存在相关安全隐患。

（12）常规巡视由专职安全员进行，每站检查频次不得少于1次/月。

（13）交接班巡视和常规巡视内容应行程记录表存放换电站。

（14）使用电暖气时，应远离易燃物品，严禁在电暖气上覆盖物品；定期检查电暖气线路，避免发生电气火灾。

（15）操作室内插排禁止超额定功率使用，使用时插头应完全插入，避免发生触电事故。插排破损、老化应及时更换。换电站充电设备在充电时应以专人负责，充电完毕立即拔下插头。

（16）各换电站应对消防设施做好日常检查、维护保养工作，填写检查记录，不在消防设施周边摆放杂物，不得擅自动用或故意损坏消防设施，已用消防器材应及时更换。

三、换电站运营监控

1. 监控系统

通过换电站运营监控平台对换电站运行情况进行省、市、站三级监控管理。

省级界面监控全省换电站基本情况、各地市换电站利用率、全省换电站各时段换电次数、全省换电站换上换下电池情况、全省换电站电池状态、全省各地市换电站分布情况、全省投运车辆情况、平均工况与最低温度趋势图、全省各换电站排队情况、全省车辆日换电次数情况、全省换电站经济效益分析、全省换电站各时段充电量占比。

市级界面监控全市换电站基本情况、全市换电站换电次数排行、全市换电站各时段换电次数、全市换电站换上换下电池情况、全市换电站电池状态、全市换电站分布情况地图、全市投运车辆情况、平均工况与最低温度趋势图、全市各换电站排队情况、全市车辆日换电次数情况、全市换电站经济效益分析、全市换电站各时段充电量占比，见图6-2-2。

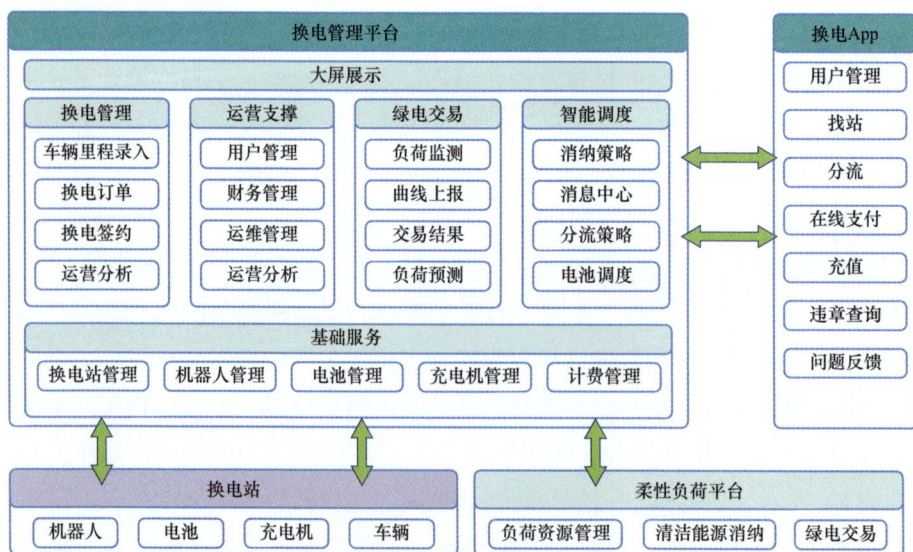

图6-2-2　典型换电站示意图

站级界面监控该站当天运营情况（包括排队车辆情况、换电次数、换电电量、换电里程、仓内电池数、可换电池数）、前一日换电时段次数分析、换上电池 SOC 占比、各时段充电量占比、各仓位状态（共有 4 种状态，包括电池正在充电中、充电仓故障、充电仓空闲、充电仓电池暂未充电），见图 6-2-3。

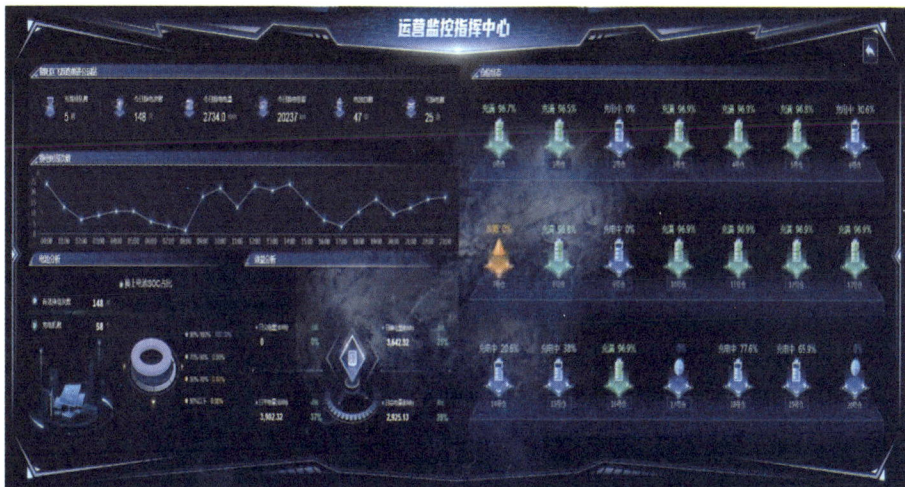

图 6-2-3　换电站运行状态监控

2. 运营难点

目前，换电站运营情况与气候温度有密切联系，由于动力电池低温性能问题尚未完全突破，冬季换电站设备运行效率降低以及车辆电池性能衰减、损耗增大、换电频繁矛盾突出，运营难度较大。

通过对 10 月至次年 2 月换电运营情况进行监测分析，提取出单次换电量和单次换电里程数据，月单次换电量和单次换电里程均值，冬季次均换电量为 31.70kWh，次均换电里程 118.69km。对所有单次换电量和单次换电里程数据分别进行频次统计，如图 6-2-4、图 6-2-5 所示。

冬季单次换电量在 30～40kWh 区间的最多，占比 34.98%，其次为 20～30kWh 区间占比 27.00%，40～50kWh 区间占比 23.41%。

单次换电里程在 100～150km 区间居多，占比 44.44%其次是 50～100km 区间，占比 31.82%。可以看出，冬季单次换电里程较为集中。

统计冬季各月换电站换电数据中次均电池换上 SOC 和次均电池换下 SOC，如图 6-2-6 所示。冬季换电站电池次均换下电池 SOC 值为 39.11%、次均换上电池 SOC 值为 94.51%，可以看出用户的换电特性。

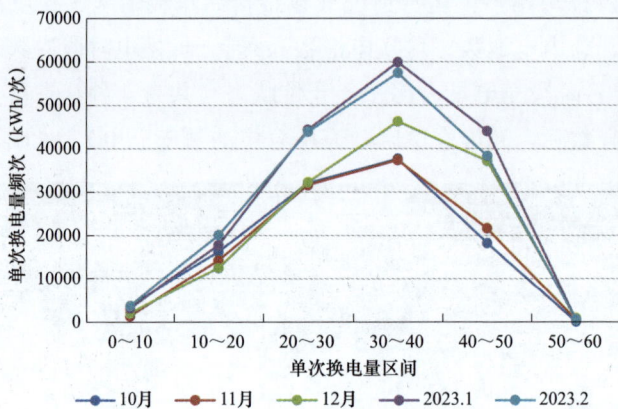

图 6-2-4　单次换电量频次

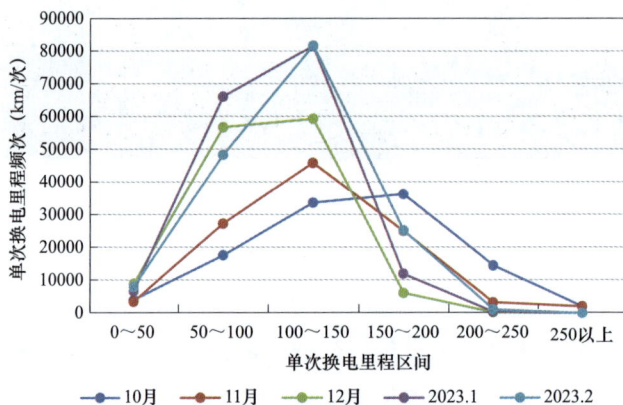

图 6-2-5　单次换电里程频次

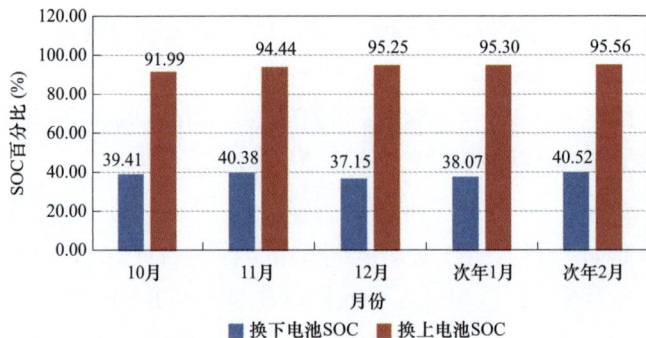

图 6-2-6　月均电池 SOC 值

统计冬季各月换电站换电数据中次均电池换上电量和次均电池换下电量，如图 6－2－7 所示。冬季电池次均换下电池电量为 21.45kWh，月均换上电池电量为 53.08kWh。

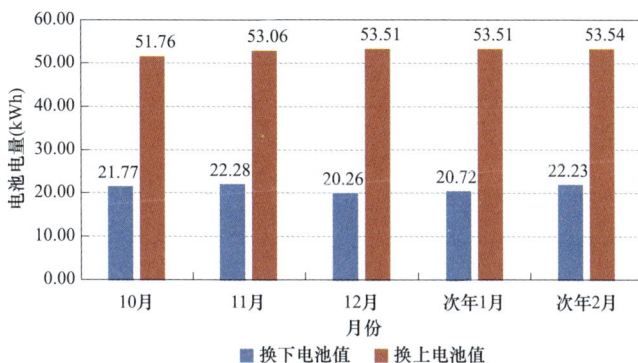

图 6－2－7　月均电池电量

3. 运行工况监测分析

车辆运行工况为车辆行驶公里数与电池充电电量的比例。对于公共出行领域，采取里程收费模式，车辆日均行驶里程决定了换电站的营业收入，运行工况关系换电站购电量，直接影响换电站运营效益。通过换电站运营管理平台对飞跃路换电站 4 月工况趋势分析，可以看出运行工况随气温变化月初浮动较大，月末逐步趋于平稳，见表 6－2－1。

表6－2－1　　　　　　　　　　4 月 运 行 工 况

日期	气温 （℃）	日均工况 （km/kWh）	前 50%平均工况 （km/kWh）	前 10%平均工况 （km/kWh）
4 月 1 日	9～22	5.43	5.73	5.98
4 月 2 日	10～22	5.30	5.70	5.97
4 月 3 日	4～19	5.26	5.59	5.88
4 月 4 日	1～9	4.75	5.04	5.34
4 月 5 日	2～7	4.08	4.40	4.62
4 月 6 日	1～9	4.19	4.52	4.76
4 月 7 日	－2～7	4.39	4.68	4.93
4 月 8 日	4～12	4.52	4.84	5.11
4 月 9 日	10～20	5.06	5.36	5.65

续表

日期	气温（℃）	日均工况（km/kWh）	前50%平均工况（km/kWh）	前10%平均工况（km/kWh）
4月10日	6～19	5.35	5.75	6.04
4月11日	0～11	4.83	5.16	5.46
4月12日	−1～11	4.27	4.56	4.78
4月13日	0～15	4.78	5.10	5.34
4月14日	2～15	4.85	5.15	5.40
4月15日	2～15	4.94	5.34	5.61
4月16日	1～14	5.02	5.31	5.61
4月17日	7～17	4.82	5.14	5.36
4月18日	5～15	4.96	5.29	5.53
4月19日	10～23	4.84	5.13	5.38
4月20日	1～11	3.72	4.04	4.31
4月21日	1～12	4.43	4.73	5.02
4月22日	−1～13	4.47	4.77	5.06
4月23日	−1～11	4.54	4.94	5.24
4月24日	3～14	4.63	4.92	5.14
4月25日	−1～14	4.48	4.80	5.04
4月26日	6～13	4.15	4.48	4.77
4月27日	9～16	4.79	5.09	5.39
4月28日	6～12	4.60	5.00	5.22
4月29日	5～12	4.32	4.61	4.85
4月30日	3～13	4.52	4.84	5.09

4. 典型场站监控分析

（1）主要运营业务指标。通过电费单价趋势、换电收入单价趋势、利用率趋势、工况趋势数据监测，以飞跃路站4月数据为例，共完成换电11201台次，换电行驶里程1744375km，营业收入56.45万元（含电池租金），换电电量364299kWh，换电车辆单次换电平均运行工况4.79km/kWh，详见表6-2-2，运行平稳。

表 6-2-2　　　　　　　　飞跃路站 4 月运营情况

站点名称	站点编号	总次数	总里程（km）	总电量（kWh）	换电工况（km/kWh）
飞跃路站	0x4416	11201	1744375	364299	4.79

（2）换电时间分布。换电次数 24h 分布趋势如图 6-2-8 所示，可见夜间 2:00～6:00 换电车辆较少，12:00～16:00 点换电车辆较多。同时，通过换电站运营管理平台通过与用采系统数据对接接口抽取换电站 96 点负荷数据，对飞跃路换电站各时段负荷情况进行监测，趋势与换电次数一致。由于换电站执行峰谷分时电价，在此情况下，高电价时段换电站用电量较大，低电价时段换电站用电量较少，造成换电站平均用电电价较高。

图 6-2-8　换电次数 24h 分布趋势

四、换电收费及成本

1. 换电收费

对出租车、网约车按 km 收费，收费标准为出租车 0.3 元/km，网约车 0.4 元/km，包含车载电池使用费用；公务车、私家车按度电收费，收费标准为 1.75 元/kWh，对集团大客户收费标准为 1.5 元/kWh，车载电池使用费用需客户与电池方单独结算。

2. 清分结算

结算模式：按照当前实际业务流程，换电站运营期间的换电收入通过"换电 App"收取并进入乙方合作的第三方收单机构所开设的资金监管账户（"备付金账户"），相关方按时完成换电站订单核对、资金对账及收付工作。

暂以自然月为单位进行对账，以对账单为依据每月进行付款结算。具备自动划转付款条件后，按照"T+3 个工作日"（T 为换电费用产生之日，到期日如遇节假日则顺延至首个工作日）的时间周期将备付金账户代收的甲方换电站的换电收入划付至甲方指定的收款银行账户。根据自然月对账结果和甲方已实收的换电收入金额进行综合汇算，多退少补。

3. 换电成本

电费成本：换电站维持正常运营支付的购电成本。

运行值守人工成本：换电站 24h 营业，每站标准配置 6 人。

维修费用：运维成本包含换电站日常运营所需的换电设备总成、低压电气、备用电池、车载电池解锁配件、换电设备备品备件、易损件、技术改造、设备升级等材料更换及维修。

杂项费用：包含外包第三方光纤测温系统、投保、电信 5G 流量卡、换电站手机饮用水、司机洗车水、换电站日常办公用品、劳保用品等其他费用；

管理费用：包含全部管理人员工资、办公室租赁、人员培训等日常运营开支。

销售费用：包含市场推广、客户维护、市场拓展、商务交流日常营销费用。

平台使用费：包含换电运营平台、电池全生命周期管理平台、大数据综合业务管理平台、换电 App 等。

另外还包括换电站资产折旧、财务费用以及土地租金等固定成本。

五、提质增效措施

1. 降低用能成本

换电站具有电池充电时间灵活可调节优势，通过平台的智慧能源管理实现能源优化调度，高效协同源网荷储，参与电网需求响应和调峰需求，充分消纳清洁能源，实现与电网的友好互动。通过多能互补、需求响应、提高能源综合利用效率，实现绿色电能流通，打造节能示范。坚持绿能应用为主的能源消费模式，结合风光资源禀赋，促进电动汽车使用清洁能源，降低用能成本。

（1）加强源网荷储协同管理。发挥新型电力系统平台资源优势，坚持市场化的方向，创新设计电动汽车参与电力市场和碳市场交易规则，促请政府出台配套政策，支持清洁调控、绿电交易和负荷响应等工作开展，持续跟踪督促电池配置并根据换电站设备利用率情况完善电池充电模型，统筹优化负荷调控，实现电池错峰充电。针对区域营运及司机换电习惯等问题采取价格刺激引导谷时换电，选取典型换电站设置 2:00～6:00 价格下调，12:00～16:00 价格上调，改变司机换电习惯，提高电网负荷低谷时段充电电量占比。

（2）全面参与清洁能源市场化交易。作为负荷聚合商，组织换电站参与电力市场，与新能源发电企业开展挂牌、集中竞价等中长期交易，通过加强换电站负荷聚合调控及跟踪监测分析，实现换电电量来自清洁能源，降低换电站总体购电成本，打造换电服务绿色发展生态圈。

（3）最大限度利用弃风弃光电量。积极推动换电站参与短期或现货交易，根据日前 96 点弃风弃光预测数据，结合换电站负荷预测，科学制定换电站电池充电计划，在满足车辆换电需求的前提下充分利用弃风弃光时段对换电站电池进行充电，由于清洁能源消纳增量可以帮助发电企业获得额外补贴或绿证收益，实际工作中出现发电企业以零电价参与交易情况，换电站用电电价进一步降低。

2. 平台支撑

强化互联网思维，建立智慧共享的换电站运营管理平台，是提高换电服务能力有效途径。建立省级充换电站运营监控指挥中心，统筹安排应急保障队伍，实现全省充换电站统一监控、统一调度、统一指挥，及时完成 95598 工单反馈，有效解决处理客户业务咨询、操作异常等问题，提升客户满意率，树牢公司品牌形象。

（1）统一监控。平台集成换电站实时视频画面和运行数据，通过对换电服务过程、设备运行情况、客户行为习惯等进行集中监测分析，精准掌握换电站业务开展、能源利用等情况，指导制定经营策略，提高换电全过程的运行效率。

（2）统一调度。提升平台开放性和公共服务能力，打通与车联网的交互，提供精准定位及导航，开展换电资源和线路在线分析，提供智能找站服务，同时结合电动汽车运行、客户流量、充电负荷等数据，进行优化调度，引导客户有序换电。

（3）统一指挥。打造运营监控指挥中心，对设备运行异常等情况进行在线预警，提供 7×24h 客服服务，实施运行检修一体化运作，出现突发状况第一时间指挥现场人员及时处置，并根据客户需求，合理调配换电站服务能力。

3. 精益管理

实现换电业务提质增效，关键在于精益化运营管理，提升可持续发展能力。

（1）加强人才队伍建设。完善换电站运营管理组织保障体系，加强运营人员培训力度和专业人才队伍建设，深入研究换电技术及管理措施，保障换电站正常运行，持续提升换电服务意识、服务技能和服务质量。

（2）完善规章制度体系。不断完善配套规章制度，严格落实应急保障机制，规范换电站运营涉及的收入、成本及纳税等各项业务管理流程，开展换电服务标准化管理，确保换电站安全运行。

（3）降低运营成本费用。建立成本约束机制，全面控制换电站固定资产折旧以及各类运营运维成本。加强换电站能耗管理，降低站用电及损耗。争取政策支持将充换电营业税率由销售类的 13% 降至服务类的 6%。

（4）优化运营管理模式。研究推进"一站一策"运营模式，积极优化换电站计费策略，制定分时、分区计费策略试点方案，开展换电站多种运营方式试点工作，为提升运营效益积累宝贵经验。

六、工作成效

1. 提高了寒冷地区电动汽车补能效率

提供寒冷地区电动汽车换电补能解决方案，为现有 1.4 辆红旗换电汽车提供换电服务，满足快速补能需求，破解了电动汽车用户冬季充电时间过长和行驶里程受限顾虑，有利促进吉林省电动汽车保有量提高。

2. 提升了吉林省新能源消纳能力

换电站规模化运营，通过聚合换电负荷参与市场化交易手段，利用能源互联网实现电池集中充电，对源网荷储进行有效协同调用，实现吉林省新能源更大范围消纳，能够有效促进节能减排，增添了能源转型"催化剂"，具有巨大社会意义。

3. 引领全省换电产业发展

以现换电站建设运营为基础，充分发挥国网平台专业优势，开展全省换电站统一监控、统一调度、统一指挥，积极在全省推广多站融合一体化运营模式，延伸绿能充换电服务产业链条，有效带动产业链上下游企业协同参与，汇聚融合发展的共识和合力，以项目投资带动社会投资，提升社会参与新能源汽车产业健康发展的同时，用优质服务凝聚社会力量，为寒冷地区经济社会发展贡献了电网力量。

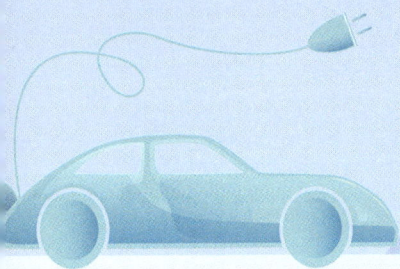

第七章

居民充电设施的建设及方案探索

从发展的角度来看，公交、出租车等公共交通的电动更替，虽然在短期内起到了较好的示范引领效果，但目前的充电设施主要分布在企业、单位内部，以专有车型使用为主，供给与需求不匹配，布局不太合理，利用率不高。从长远来看，民众自发应用电动汽车，才会形成电动汽车发展的高峰，因此进一步大力推进居民充电设施建设是当前加快电动汽车推广应用的紧迫任务，也是推进能源消费革命的一项重要战略举措。随着国内电动汽车保有量越来越大，我国随车配建充电设施增量持续上升，并且充电设施在充电体验、运行维护、网络协同等方面越来越数字化、智能化。

第一节　居民充电设施建设现状

一、国内充电桩行业安装量

2022 年 1—6 月，中国充电基础设施（充电桩）增量为 130.1 万台，其中公共充电桩增量同比上涨 228.4%，随车配建私人充电桩增量持续上升，同比上升 511.3%，见图 7-1-1。

2022 年 1—6 月，公共交流桩增加 18.5 万台、公共直流桩增加 19.6 万台，公用桩增加 30.7 万台、专用桩增加 7.4 万台，见图 7-1-2。

公共充电桩增量已经超过 2021 年全年增量，达到 2021 年全年增量的 112%。2022 年 1—6 月，私人充电桩增加 92 万台。私人充电桩增量已经超过 2021 年全年增量，达到 2021 年全年增量的 154%。

截至 2022 年 6 月，全国充电基础设施累计数量为 391.8 万台，同比增加 101.2%。从 2021 年 7 月到 2022 年 6 月，月均新增公共类充电桩约 5.0 万台，见图 7-1-3。

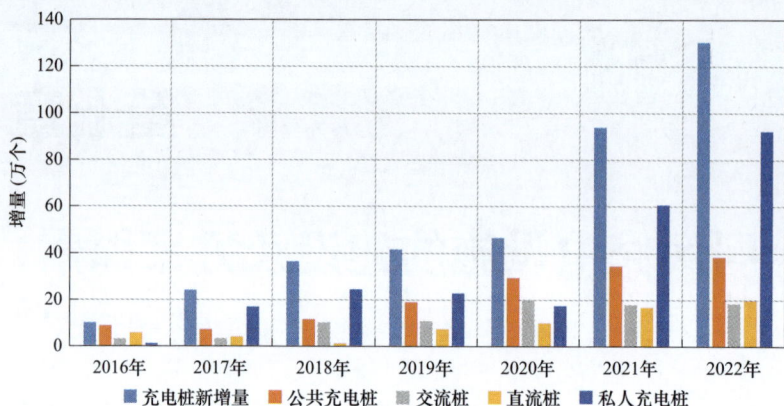

图 7-1-1　2016—2022 年 1—6 月中国充电基础设施（充电桩）增量图

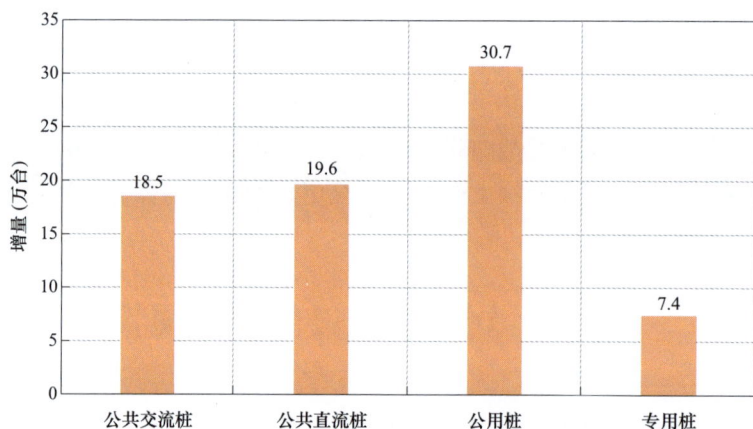

图 7-1-2　2022 年 1—6 月充电桩增量图

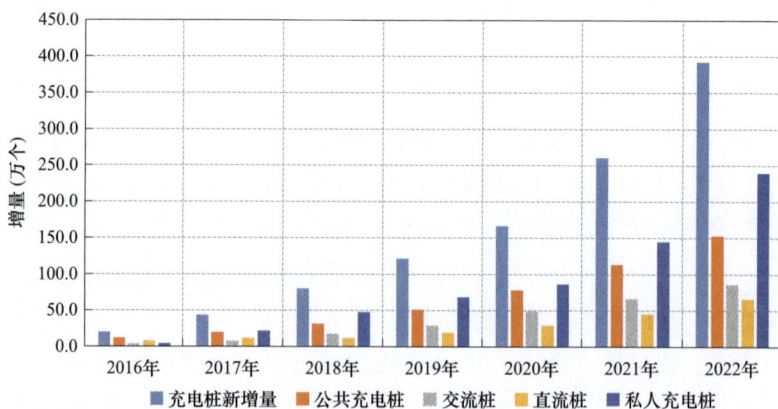

图 7-1-3　2016—2022 年 1—6 月中国充电基础设施（充电桩）累计量图

二、居民充电设施的政策支持

近年来，我国各部委积极出台相关政策促进充电桩在各领域的建设，促进充电桩行业的发展。政策的支持与引导能够很大程度上提高充电桩的建设进程和运营效率。

1. 购车政策

（1）纯电动车购置税。

1）按照国家有关规定，购买新电动汽车可以免征车辆购置税（电动汽车免购置税延长到 2023 年）。电动汽车指纯电动汽车、插电式混合动力（含增程式）汽车、燃料电池汽车，以上免征车辆购置税。

2）电动汽车免征车辆购置税，是需要通过《免征车辆购置税的电动汽车车型目录》（以下简称《目录》）实施管理为准，该《目录》是由国家工业和信息化部、税务总局发布。自《目录》发布之日起，购置的电动汽车列入《目录》将免征车辆购置税；销售机动统一发票（或有效凭证）上注明的日期为购置时间。

3）对已列入《目录》的电动汽车，电动汽车生产企业或进口电动汽车经销商（以下简称汽车企业）在上传《机动车整车出厂合格证》或进口机动车《车辆电子信息单》（以下简称车辆电子信息）时，在"是否符合免征车辆购置税条件"字段标注"是"（即免税标识）。工业和信息化部对汽车企业上传的车辆电子信息中的免税标识进行审核，并将通过审核的信息传送至税务总局。税务机关依据工业和信息化部审核后的免税标识和机动车统一销售发票（或有效凭证），办理车辆购置税免税手续。

4）汽车企业应当保证车辆电子信息与车辆产品相一致，对因提供虚假信息或资料造成车辆购置税税款流失的，依照《中华人民共和国税收征收管理法》及其实施细则予以处理。

5）从事《目录》管理、免税标识审核和办理免税手续的工作人员履行职责时，存在滥用职权、玩忽职守、徇私舞弊等违法违纪行为的，按照《中华人民共和国公务员法》《中华人民共和国监察法》等国家有关规定追究相应责任，涉嫌犯罪的，移送司法机关处理。

（2）纯电动车补贴。按国家相关政策鼓励地区政府结合当地实际，出台补贴政策，但不同地区之间，电动车每年的补贴政策是不一样的。例如：2022 年度，吉林省内购置新车的，按照 3 个档给予不低于 2000、3000、5000 元标准的予以消费补贴；对购置同档次新能源乘用车的，在原补贴标准基础上再增加不低于1000元的补贴；对报废旧车并购置新车，包括传统燃油和新能源乘用车的，在原补贴标准基础上再增加不低于1000元的补贴。

2. 充电桩政策

2022年1月10日，国家发展改革委、国家能源局等多部门联合印发了《国家发展改革委等部门关于进一步提升电动汽车充电基础设施服务保障能力的实施意见》，对于指导"十四五"时期充电基础设施发展具有重要意义。

（1）加快推进居住社区充电设施建设安装。进一步强化部门协同推进和责任落实，要求物业等居住社区管理单位和业主委员会积极配合。既有居住社区要积极开展充电桩改造，新建居住社区要严格落实配建要求。预留安装条件的标准是要将管线和桥架等供电设施建设到车位，要加强规划报批、竣工验收的监督管理。

（2）提升城乡地区充电换电保障能力。对于城市公共充电网络，要合理布局、多方兼顾；对于县城乡镇充电网络，要加快补齐建设短板；对于高速公路充电桩，要求将快充站纳入高速公路服务区配套基础设施范围；对于单位和园区内部充电桩，要求加快配建或预留建设安装条件，并鼓励对外开放。

（3）加强车网互动等新技术研发应用。继续加大新技术研发，持续完善标准体系，要充分发挥动力电池的储能特性，探索推广有序充电、V2G等形式，实现电动汽车与电网的协同互动，在矿场、港口、城市转运等场景因地制宜推广换电模式。

（4）加强充电设施运维和网络服务。要求充电运营企业加强运维，提升设备可用率和故障处理能力，要求各运营平台强化信息共享和便捷支付，提升充电便利程度。

（5）做好配套电网建设与供电服务。电网企业加大配套电网建设，相关部门要对配套电网建设用地等资源予以保障，要求电网企业提升"获得电力"服务水平，落实"三零""三省"服务举提，国家能源局派出机构要加大供电和价格政策执行监管，规范转供电行为。

（6）加强质量和安全监管。建立健全行业监管，要求落实各方安全责任，严格充电桩建设各环节安全把关，要建立火灾事故调查处理，潮源机制，鼓励相关安全责任保险推广应用，通过国家、省、市三级充电设施服务平台加强监管。

（7）加大财政金融支持力度。进一步强化部门协同推进和责任落实，要求

物业等居住社区管理单位和业主委员会积极配合，既有居住社区要积极开展充电相改造，新建居民社区要严格落实配位要求，预留安装条件的标准是要将管线和桥架等供电设施建设到位，要加强规划审批，竣工验收的监督管理。

3. 物业政策

国家多部委联合颁发《关于推进物业管理区域新能源小客车自用充电设施安装的通知》针对充电桩进小区政策明确，要求物业公司必须配合充电桩安装工作，并不得借机收取费用。如果物业不允许安装，可以向住建委投诉，同时安装充电桩必须单独安装独立电表。

最值得关注的责任划分上，文件首次针对小区物业的职责进行了规定：

（1）要求物业在用户提出建桩申请5工作日内予以办理。

（2）要求供电企业在规定时间内正式答复供电方案；其中对于低压用户不超过7个工作日、高压单电源用户不超过22个工作日、高压双电源用户不超过45个工作日。

（3）工程施工完成并检验合格后，供电企业应于5个工作日完成装表接电工作。

（4）而对于老旧小区改造及新小区建设要求预留充电基础设施建设用电需求。

在居民区充电基础设施安装过程中，物业服务企业应配合业主或其委托的建设单位，及时提供相关图纸资料，积极配合并协助现场勘查、施工。如果物业拒绝可以向相关部门投诉。

三、居民充电设施的规划及实施

2021年12月中央经济工作会议和2022年2月中共中央政治局会议，均定调2022年"稳增长"，坚持稳字当头、稳中求进，增强经济发展动力。在经济短期增长压力加大的背景下，国家对稳增长的诉求突出。稳增长基调仍是全国两会传递的重要信号，此前发改委也提出适度超前开展基础设施投资。2022年促进基建投资的政策持续推进。电动汽车充电桩、换电站的投资建设属于新基建系列，是2022年基建促增长的重点领域之一。

2020年充电桩作为新能源汽车推广配套设施，首次被写进政府工作报告，纳入"新基建"，成为七大产业之一。2021年政府工作报告，继续提出增加充电桩、换电站等设施。加快提升充换电等新能源汽车配套基础设施服务保障能力，更好地支撑新能源汽车产业发展，是 2022 年全国两会市场关注的热点之一。吉林市也制定了相应的电动汽车充电基础设施建设规划及相应的实施措施。

1. 充电基础设施建设规划

（1）费用减免。为推广电动汽车使用，政府投资的社会停车场（点）停放电动汽车 2h 以内免费，鼓励其他社会停车场（点）、配建停车场对新能源汽车停放给予优惠，并对停车场给予补贴；高速公路、收费道路、桥梁、隧道通行等方面给予一定减免。

（2）施划专属车位。现有车位加装充电桩（见图 7-1-4）后，影响停车的，应重新施划停车位。近期供所有汽车使用，远期电动汽车具备一定规模时，部分停车困难区域的充电车位施划为专属车位。

(a) 杆式充电桩　　　　　　　　　　　(b) 专属充电桩

图 7-1-4　充电基础设施（充电桩）示意图

（3）充电费用优惠。鼓励车主公共桩充电"预约服务"、自用桩充电"分时共享"。对于预约、共享的车主，充电费用给予一定优惠。

（4）鼓励建设充电立体式停车楼一体化设施。即可解决停车困难问题，同时满足电动汽车充电需求。

（5）完善平台服务。建议在"智慧城市"中构建"智慧交通"平台，包含"智慧停车""充电设施管理服务"等子系统，促进各子系统数据共享公用，方便用户查询。

（6）扩大末端供电设备容量。规划布点场所供、配电设施应根据新增的充电负荷进行改造，或设计时考虑电动汽车充电的负荷；供电线路应适量增容，为充电基础设施构建电源绿色通道。

（7）加大充电基础设施建设力度。规划要求新建住宅配建停车位应100%建设充电设施或预留建设安装条件，大型公共建筑物配建停车场、社会公共停车场、路边停车位建设充电设施或预留建设安装条件的车位比例不低于10%。

2. 实施措施

（1）组织保障。

1）建立统一领导机构，明确各参与部门的职责和分工，科学安排建设计划，制定监督、考核机制。

2）加强宣传引导和舆论监督。

（2）政策保障。

1）制定电动汽车推广政策以及充电基础设施建设运营管理办法。

2）纳入城乡规划，在总体规划，控制性详细规划中应明确预留充电基础设施的相关要求。

3）简化规划建设审批。

4）加大用地支持力度。

（3）资金、配套设施保障。

1）落实国家财政扶持政策，积极引入社会资本。

2）加强供电监管力度，做好配套电网接入服务，给予电价优惠。

3）加强各公建、小区物业协调力度。

（4）管理保障。

1）规划管理。严格执行电动汽车充电设施配建指标，并对违规行为进行严格查处。

2）安全管理。建立安全管理体系，完善有关制度标准，加大对违规行为的查处力度。依法依规对各部门进行检查。

四、常见的居民充电装置场景的介绍

车桩相随、桩站先行，自（专）用为主、公用为辅，快慢互济、分类落实。从城市核心区向边缘区和一般区域扩展，以城市公共充电站为补充；以充电智能服务平台为支撑，加快建设适度超前、布局合理、形成功能完善的充电基础设施体系。

1. 地上小区停车场

该停车场（见图 7-1-5）是社会充电站较好的场所之一，交通和收支都比较便利。可以与停车场租赁一个车位，即使是在角落，也可以留出两个充电车位。

图7-1-5　地上小区停车场充电基础设施（充电桩）实景图

2. 地上车库

在自己家的车库安装充电桩（见图7-1-6），产权属于自己，晚上把车停到车库充一晚上电，第二天电动汽车电量满满，十分方便。

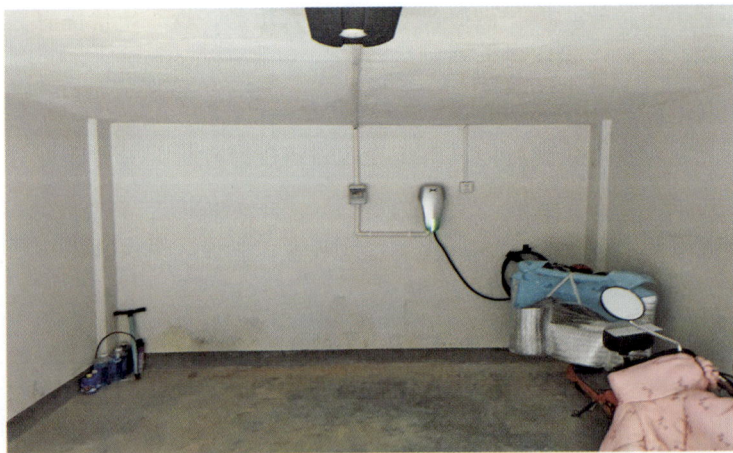

图7-1-6　地上车库充电基础设施（充电桩）实景图

3. 住宅小区地下车位

如图7-1-7所示，这里是离用户最近的地方。虽然小区里可以设置很多慢速充电桩，但有急用的时候，大家出门都有可能。慢充站需要与快充电相结合才能发挥作用。

图 7-1-7　住宅小区地下车位充电基础设施（充电桩）实景图

第二节　居民充电设施建设难题及解决方案探索

一、居民充电设施建设难题

由于电动汽车汽车的发展越来越快，购买的人也越来越多，但充电问题也逐渐显露出来。大多数原因是因为新能源车主想在小区安装充电桩，却因为种种原因被物业阻扰拒绝，不同小区物业是有不同的管理权限的，为此服务的模式也不同，大致分为以下三种：

（1）自主管理模式。自主管理模式的物业属于物业委员会的执行单位，大多的服务内容是对小区的环境保洁、绿化修剪、电力电缆的维护等基础设施的维护。如居住小区物业属于这种模式，物业是无权拒绝车主在小区内安装充电桩，需要通过业主委员会的同意。

（2）薪酬制度模式。薪酬制度是指物业服务资金中按约定比例或者约定数额提取酬金支付给物业服务企业，其余全部用于物业服务合同约定的支出，结余或者不足均由业主享有或者承担的物业服务计费方式。这种服务模式下，物业对公共区域的管理和规划有建议权，但最终也要业主委员会的同意。

（3）派遣制模式。业主委员会招聘专业物业，并且委托物业管理小区的各项事务，相应的管理范围比较广，其承担的责任和义务也重，有一定的话语决定权，如果是不影响小区正常秩序以及安全，物业是可以允许安装私人充电桩的。总之想要充电桩进小区还是一件比较困难的事。

二、解决方案探索

1. 加大物业协调力度

引导和鼓励业主委员会和物业公司参与充电基础设施建设，各地房地产主管单位、居委会应加强对业主委员会和物业公司的协调力度。同时，业主委员会应将充电基础设施建设管理纳入物业服务合同，房地产主管单位应对物业公司的不配合行为制定相应的处罚措施。

2. 因地制宜推动发展

在居民小区的停车位建设充电车插座以满足居民日常需求，在有条件的区域建设一定量的公共快速充电桩站以满足居民临时快速充电需求。充电插座有如下优势：① 不需要大力升级电网，现有电力条件下，大部分小区都能建设一定的机位，有了充电机位，可增加电动汽车保有量，形成良性循环；② 占地少、安装便捷，价格优惠，操作简单；③ 消耗波谷电量，充电成本低，可很大程度上解决私人建桩过程中的电网扩容难题。但是充电插座充电速度慢，一般其充电功率不超过 3.5kW/h，以 2kW/h 的居多，以现在一般电动汽车 36～50W 的容量，充满需要 18～25h。这个虽然看起来有点不现实，但实际并不需要充满才能满足日常出行，目前电动汽车百公里电耗在 15kW 左右，从晚上 10 点充到早上 6 点，可充 8h，足够续航 100km，在中小城市基本满足居民日常的出行需求。例如：柳州一个汽车保有量不足百万的三线城市，电动汽车的保有量达到了 5 万辆，车桩比约 3:1，超过全国平均水平。

建议中小城市充电基础设施发展应因地制宜，结合自身综合发展水平，精准定位，逐步推行，短期内可结合现有可行条件先行打开市场需求，再结合远期发展需求，完善配套建设，逐步提升充电基础设施建设和服务水平。

3. 新建小区配建充电桩

住宅停车配建指标综合考虑百平方米配比和户数配比，适当增加停车配建比例。新建住宅小区应按规划停车位数不少于 30%的比例配建充电桩，其余车位预留充电桩建设安装条件。非机动车充电桩设置应满足相关消防防火要求，鼓励结合室外场地统一设置。

在非机动车停车点应预留电动车专用充电设施安装条件。在地下室预留非机动车充电设施时，应当与该建筑的其他部分进行防火分隔。电动自行车存放、充电场所应当配备必要的消防器材，充电设施应当具备充满自动断电功能。非机动车库宜地面设置，当置于地下室时，其至室外地面高差不宜大于 3.00m；非

机动车库踏步式出入口宜将斜坡设置在中间，踏步设置在两边以满足连续推行要求，推车斜坡的坡度不宜大于 20%，具体见表 7-2-1。

表 7-2-1　　在非机动车停车点应预留电动车专用充电设施安装要求

要求类别	要求内容
防火要求	在地下室预留非机动车充电设施时，应当与该建筑的其他部分进行防火分隔
消防要求	电动自行车存放、充电场所应当配备必要的消防器材，充电设施应当具备充满自动断电功能
地下安装要求	非机动车库宜地面设置，当置于地下室时，其至室外地面高差不宜大于 3.00m
安装要求	非机动车库踏步式出入口宜将斜坡设置在中间，踏步设置在两边以满足连续推行要求，推车斜坡的坡度不宜大于 20%

三、电动汽车联网通办

1. 联网通办流程

近年来，国家大力实施"双碳"战略，电动汽车产销达到新的高度，人民群众充电需求快速增长，特别是居住区用户充电用电"难"的问题日益凸显。"联网通办"是国家电网公司为解决建桩难、施工贵、隐患大等难题，为电动汽车车主打造的"购车办电－装桩接电－充电服务－增值服务"一站式供电服务模式。

供电公司为积极推广该服务模式，可主动前往属地各 4S 店协调签约，在签约的 4S 店内增设"电动汽车报装充电用户指南"和"网上国网联网通办"的宣传角，对 4S 店销售经理开展短期充电桩办电流程操作培训，将买车与办电一步到位。通过与电动汽车销售门店及车企合作，将供电营业厅"前移"至 4S 店，加快形成网上网下一体、内外联动、供电公司与 4S 店融通的一体化服务新格局。电动汽车联网通办流程示意图见图 7-2-1。

开展"联网通办"业务后，车主在有购买意愿时，就能够了解充电桩用电申请的各项政策与要求，购车后车主注册登录网上国网"充电桩办电 e 助手"，上传充电桩办电所

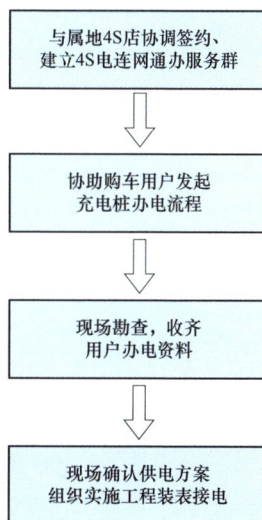

图 7-2-1　电动汽车联网通办流程示意图

需资料信息（车位使用证明、身份证明、物业同意建桩证明、购车证明）便可发起充电桩办电流程，客户经理则会第一时间联系用户，提供专业咨询服务。组织建立了4S店联网通办服务群，公布"24h服务电话"，为用户开辟专属绿色直达通道。客户经理按照"一证办理"的要求，在上门勘察时收齐用户材料，现场确定供电方案并组织实施业扩施工和装表接电，平均接电时间在3个工作日内，整个过程实现车主用电申请"一次都不跑"，让办电不再难。

2. 联网通办典型案例

（1）办电预受理：车主到4S店购买电动汽车后，4S店车服经理指导或帮助车主下载"网上国网"App。车主注册登录网上国网"电动车-电动汽车报装充电一站式服务"，上传充电桩办电所需资料信息（车位使用证明、身份证明、物业同意建桩证明、购车证明）发起充电桩办电流程（如无法收齐车主办电所需资料，4S店车服经理引导车主签订充电桩办电承诺或知情书，内容包含办电需在后续补齐办电所需资料，如车位使用证明、物业证明等）。

（2）正式受理：在"网上国网"App提交充电桩办电预受理工单后，由市县公司业务受理人员或供电服务（指挥）中心人员负责对资料进行审核。若资料齐全，发起正式受理流程，向车主预约现场勘查时间（若车主仅提供部分资料，也可发起流程，在进入勘查环节，由客户经理现场收齐资料，如车主在施工接电前仍无法提供完整报装需求资料，受理流程终止）。电动汽车联网通办窗口见图7-2-2。

图7-2-2 电动汽车联网通办窗口

（3）装表接电：客户经理收到建桩服务信息后，主动联系车主，确认现场勘查时间，并会同物业、车主等单位确定供电方案。根据"三零"服务，电源部分由供电公司投资到红线，红线到充电桩部分由车主自行协调建桩。装表及装桩施工队同时进场的，一并施工一并验收送电；先后进场的，客户经理先行与车主、物业协商确认路径表位后完成装表。待充电桩安装完毕，客户检验表后线路合格后，再予以现场送电。

四、加快推进居民小区充电桩建设措施

1. 吉林省相关措施

（1）在《吉林省电动汽车充换电基础设施建设运营管理暂行办法》中明确，对新建小区要按照固定车位 100%、公共车位不低于 20% 的比例预留充电桩建设安装条件，可将管线和桥架等供电设施建设到车位，以满足直接装表接电需要。对于已建住宅小区，可以结合旧区改造、停车位改建、道路改建等情况建设充电基础设施。

（2）鼓励电动汽车生产企业（4S 店）将充电设施建设维护纳入其销售服务体系，与私人用户签订销售车辆合同之前，可自行或委托充电设施建设经营企业为用户在住宅小区或办公场所落实一处自用或专用充电设施。用户可通过购买或租用充电设施等方式获得充电服务，购买即获得充电设施的所有权，租用即拥有充电设施的使用权。

（3）私人用户在自有车库、停车位建设自用充电设施，按照全国统一的私人用户居住地充电基础设施建设管理示范文本要求，办理报装手续。充电设施安装基础应为不燃构件，充电设施安装不得影响停车场整体功能使用，不得影响消防车通行、登高作业和人员疏散逃生。

（4）充换电设施正式投入使用前，所有权人（产权单位）应完成充电设施电气安全、消防设施、计量系统、电能质量等指标的验收，以及与整车充电接口、通信协议的一致性检测和调试。验收项目可参照国家有关部门关于充换电设施现场安全评估的有关要求。鼓励有关企业参加国家倡导的中国电动汽车充电基础设施促进联盟等行业组织开展的产品标识（检测、认证）评定等行业自律工作。

（5）吉林省居民充电政策支持：居民家庭住宅、居民住宅小区、执行居民电价的非居民用户中设置的充电设施用电，执行居民用电价格中的合表用户电价。个人在自有停车库、停车位，各居住区、单位在既有停车泊位安装充电设

施的，无需办理建设用地规划许可证、建设工程规划许可证和施工许可证。

2. 其他省份相关措施

（1）严格落实新建住宅小区配建要求。严格落实新建小区充电桩建设有关要求，加强对新建小区规划、设计、建设、验收等环节监管，确保新建小区按照配建停车位的100%建设充电桩或预留充电条件，预留充电条件的新建住宅小区建成投入使用的充电桩比例不低于 10%，且小区变压器容量须满足充电桩后续建设需求，按技术标准配套建设防火墙或防火卷帘等消防安全设施。小区交付使用时建设单位应委托充电桩运营企业或物业服务企业等单位维护管理，保证充电桩安全稳定运行。

（2）进一步规范存量小区充电桩建设流程。住宅小区实行用电抄表到户的，由申请人向所在区域供电企业提出用电报装申请，实行"一车一位一表"。住宅小区未实行用电抄表到户的，由物业服务企业或其委托经办人向所在区域供电企业提出用电报装申请，设立充电桩用电总表，在申请人向物业服务企业提出充电桩用电需求后，通过该总表供电。

（3）解决小区电容量不足问题。由电网公司负责组织开展全省住宅小区配电变压器容量情况摸底工作，通过移动客户端、营业厅等平台为桩企、物业服务企业及有建桩需求的业主提供住宅小区变压器剩余容量查询服务。在未经供电企业确认的情况下，物业服务企业不得以电力容量不足拒绝充电桩进小区。当小区变压器容量不足时，供配电设施产权属于供电企业的，由供电企业提出解决方案；供配电设施产权属于开发企业或小区业主的，由产权所有者研究提出解决方案。鼓励充电桩运营商共同参与小区供配电设施增容改造，支持采用智能负荷管控、智能有序充电等技术手段实现错峰分时充电，提升电能利用效率，节约增容改造成本。

（4）明晰充电桩建设安全管理责任。根据"谁所有、谁负责"的原则，由充电桩参建各方签订《充电设施安装承诺书》，按承诺书明确各方安全责任。充电桩所有人为充电桩及相关线路安全责任第一责任人，要监督安装建设方严格按照有关充电设施建设技术标准施工，确保充电桩安装符合技术标准要求；充电桩企业在充电桩投入使用前，要对车主进行指导及培训，并在质保期内，严格按照国家规定对充电桩进行维护、保养；安装建设方在施工过程中，要严格遵守《电力建设安全施工管理规定》和有关充电设施建设技术标准，做好安全防范措施，确保安全文明施工和符合有关技术标准要求；物业服务企业要积极配合充电桩所有人、充电桩企业和安装建设方开展充电桩建设工作，在符合消

防、电容量相关要求的情况下，不得无故拒绝充电桩进小区，并及时提供相关图纸或指认停车区域内电源位置及暗埋管线走向，配合勘查现场和施工，配合办理用电变更等手续。消防救援部门在地下车库充电桩建设过程中，要加强消防安全技术指导，将电动汽车充电场所消防设施设备完好情况纳入日常监督检查内容，加大事中事后监管力度。鼓励充电桩所有权人通过购买商业保险的方式有效规避风险，防止损害第三者权益。

（5）加强住宅小区充电桩建设日常管理。按照不同小区类型和充电桩类型，分别按照以下方式推进建设，积极引入市场化机制，强化管理。

1）存量小区公用桩。各市县要根据住宅小区充电桩建设任务和居民需求，结合存量小区公用桩情况制定年度建设计划，高标准遴选充电运营企业统一规划建设、统一维护管理。定期开展充电设施设备检修维护、保证充电设施和系统安全、可靠、稳定运行。同时，通过引导运营企业在小区地面公共停车位、外围商铺和周边道路配套建设充电桩，缓解小区内停车位紧张问题。

2）存量小区自用桩。居民可委托电动汽车生产（销售）企业或充电桩施工单位自行建设、自行管理、自行负责，自行完成物业接洽、电力申报、设备安装、维护检修，同时纳入省充电基础设施信息管理平台监管。支持充电桩运营企业进小区，按照"统建统管"模式开展变压器增容、干线电缆等供电设施改造，提供自用桩安装与维护管理一体化服务，采取市场化方式收取服务费用。

3）因地制宜推进老旧小区充电桩建设。结合城镇老旧小区改造，科学规划、合理布局。在有条件的连片小区周边公共区域建设公用充电桩的基础上，开展"充电桩进小区"示范项目建设，设立专属充电区域供社区居民停车充电，扩大充电服务覆盖人群和区域，提高充电桩使用率。

第八章

充换电设施建设服务典型问题

第一节　充换电设施建设服务问答

本节将充换电设施建设运营过程中常见的用户咨询服务问答进行整理，按照问题类型进行归类，供读者参考。

一、用电业务办理类

1. 客户办理充换电设施业扩报装业务需要提供哪些资料？

居民低压客户需提供居民身份证或户口本、固定车位产权证明或产权单位许可证明、物业出具同意使用充换电设施的证明材料；非居民客户需提供身份证、固定车位产权证明或产权单位许可证明、停车位（库）平面图、物业出具允许施工的证明等资料，高压客户还需提供政府职能部门批复文件等证明材料。

2. 申请电动汽车充换电设施用电报装业务的渠道有哪些？

目前吉林省用户可通过网上国网 App、95598 网站、供电营业厅进行办理。

3. 电动汽车充换电设施用电报装业务分哪几类？

（1）第一类：居民客户在自有产权或拥有使用权的停车位（库）建设的充电设施。

（2）第二类：其他非居民客户（包括高压客户）在政府机关、公用机构、大型商业区、居民社区等公共区域建设的充换电设施。

（3）第三类：向电网企业直接报装接电的经营性集中式充换电设施。

4. 客户自建充电设施用电报装业务分类

根据《关于做好电动汽车充换电设施用电报装服务的意见（征求意见稿）》，充换电设施用电报装业务分为两大类：第一类：居民客户在自有产权或拥有使

用权的停车位（库）建设的充电设施。第二类：其他非居民客户（包括高压客户）在政府机关、公用机构、大型商业区、居民社区等公共区域建设的充换电设施。

5. 客户自建充电设施新装申请单

报装所需资料：充换电设施报装申请表（正面）、电动汽车充电桩供用电协议（背面）、低压客户充换电设施现场勘查工作单、高压客户充换电设施现场勘查工作单、高压客户充换电设施供电方案答复书。

6. 居民客户自建充电设施供电方式

根据《供电营业规则》居民客户自建充电设施供电方式分为：单相交流 220V 接入，一般适用于报装容量 10kW 及以下；三相交流 380V 接入，用户用电设备容量在 100kW 及以下或需用变压器容量在 50kVA 及以下。

7. 居民客户自建充电设施安装原则

自用充电设施安装原则：自用充电设施按"一车一桩、桩随车走"的原则，由车企或其委托的销售机构负责充电条件确认、设施投资建设等组织管理，并纳入其售后服务体系。客户充换电设施受电及接入系统工程由客户投资建设，其设计、施工及设备材料供应单位由客户自主选择；公司在充换电设施用电申请受理、设计审查、装表接电等全过程服务中，不收取任何服务费用，并投资建设因充换电设施接入引起的公共电网改造。对应用覆盖率达到一定规模的居住区，新建低压配网，保证电动汽车充换电设施用电需求。根据电费交到小区物业判断，客户应为总表计量用户，供电企业不受理总表计量下的散户业务申请。

对于未实现抄表到户的小区、住宅楼、公寓、写字楼等，因变压器等设备属于高压客户自有资产，供电公司不可以在客户资产设备下新建供电线路，客户需与属地物业或运维公司协商，自行建设。

8. 居民客户自建充电设施电表安装位置

（1）电缆出线的，电表应安装在派接柜出线侧。

（2）架空出线的，电能表应安装在杆塔下第一支撑物处，且电能表实现采集功能。

（3）低压居民/低压居民充电桩/小微企业客户，电能表尽可能地靠近客户侧（客户红线），应安装在客户红线以外。

9. 非居民客户自建充电设施安装原则

营业执照中应具有充电经营内容；提供有效身份证明材料；提供固定车位产权证明、产权单位许可证明或场所租赁合同、合作经营合同等；产权分界点：

① 低压供电客户，以电能表为分界点，电能表（含表箱、表前开关等）及以上部分由供电公司投资建设；电能表出线（含表后开关）及以下部分由客户投资建设；② 高压架空线路供电客户，以客户围墙或变电站外第一基杆为分界点，杆塔（含柱上开关、熔断器等开断设备及其他附属备）及以上部分由供电公司投资建设；开断设备出线及以下部由客户投资建设；③ 高压电缆供电客户，以客户围墙或变电所外第一配电设网柜、开闭所等为分界点，第一配电设施由供电公司投设，配电设施出线及以下部分由客户投资建设；④ 因充换电设施接入引起的公共电网改造工程由供电公资建设；⑤ 用电计量点设在双方产权分界处。

10. 非居民客户自建充电设施供电方式

（1）充换电设施报装容量应遵循相关技术要求。充换电设施接入电网应按照 GB/T 29316 执行。

（2）充换电设施装见容量在 10～50kW（含 10kW）时，应采用低压公用线路供电；在 50～100kW（含 50kW）时，应直接接入低压母线。

（3）充换电设施装见容量在 100kW 以上时，应接入 10kV 及以上电网。其中充换电设施装见容量小于 3MW，可采用高压公用线路供电，容量大于 5MW，可采用高压专用线路供电。

（4）充换电设施并网电压等级宜按表 8−1−1 选择。

表 8−1−1　　　　　　　　充换电设施并网电压等级

充换电设施装见容量	并网电压等级
10kW 以下单相设备	220V
100kW 及以下	380V
100kW 以上	10kV

（5）分散安装的充电桩额定容量不宜大于 7kW，宜采用单相 220V 接入。

（6）在供电方案中，明确充换电设施电气参数、性能要求、接口标准、电能质量治理等均须满足充换电设施的相关标准。

11. 非居民客户自建充电设施电表类型

根据充电桩类型，分为单相电表和三相四线式电表。通常情况下充电站的电能计量分为对充电机输出端进行直流计量和对充电机输入端进行交流计量两种方式：一是充电机直流输出端的电能计量，应采用直流电能表；二是充电机交流输入端的电能计量，应采用交流有功电能表。

12. 非居民客户自建充电设施新装携带材料

低压非居客户：客户有效身份证、企业营业执照、停车位平面图、产权人同意建设充电桩的证明、物业同意（无物业管理小区由业委会或居委会出具）的充电桩建设和施工方案。

高压客户：客户有效身份证、企业营业执照、停车位平面图、产权人同意建设充电桩的证明、物业同意（无物业管理小区由业委会或居委会出具）的充电桩建设和施工方案政府职能部门有关项目立项的批复文件。

以上所需资料均需原件及复印件。

13. 非居民客户自建充电设施电表计量方式

核实客户负荷性质、用电容量、用电类别等信息，结合现场供电条件，确定电源、计量、计费方案，例如高供高计、高供低计、低供低计。

14. 非居民客户自建充电设施电表安装位置

原则上应安装在产权分界处，应由供电公司现场勘查核实客户负荷性质、用电容量、用电类别等信息，结合现场供电条件，确定计量方式。

15. 公用充电设施产权划分

（1）投资及配套设施建设、维护界面的规定。

1）因充换电设施接入引起的公共电网改造工程由公司投资建设。

2）供用电设施以产权分界为管理界面，设施的运行、维护、检修、抢修等由产权所有者自行负责。

（2）产权分界。

1）低压供电客户，以电能表为分界点，电能表（含表箱、表前开关等）及以上部分由供电公司投资建设；电能表出线（含表后开关）及以下部分由客户投资建设。

2）高压架空线路供电客户，以用户分界负荷开关或分界隔离开关负荷侧 2 米为分界点，分界点以上部分由供电公司投资建设；分界点以下部分由客户投资建设。

3）高压电缆供电客户，以客户围墙或配电室外第一配电设施（环网柜、开闭所等）内客户进线电缆终端压线螺栓为分界点，第一配电设施由供电公司投资建设，配电设施出线及以下部分由客户投资建设。

4）用电计量点设在双方产权分界处。

16. 自用充电设施产权划分

（1）低压供电客户，以电能表为产权分界点，电能表（含表箱、表前开关等）及以上部分由供电公司投资建设；电能表出线（含表后开关）及以下部分由客户投资建设。

（2）对于由非电力公司产权电源供出的低压供电客户，产权分界及投资划分由非电力公司产权电源所有方与低压供电客户方自行协商确定。

（3）因充换电设施接入引起的公共电网改造工程由供电公司投资建设。

（4）公司投资的配网改造工程按照省公司的规定执行，客户工程由客户或车企负责投资建设。

（5）用电计量点设在双方产权分界处。

（6）供用电设施以产权分界为管理界面，设施的运行、维护、检修、抢修等由产权所有者自行负责。

17. 个人充电桩资产维护范围

（1）合伙人计划的个人桩，由充电出行事业部负责协调厂家运维，派咨询单；

（2）车企赠送的带有国家电网或电动汽车标志的充电桩，派咨询；

（3）个人有序桩，车企赠送或小区统管（一网通办或统建统营），由能源事业部负责协调运维，派咨询；

（4）其他渠道，如京东、淘宝店铺购买的桩，报修派咨询，但不要承诺一定可以处理。

18. 电动汽车充电卡适用范围

（1）电动汽车充电卡由国网电动汽车服务有限公司统一公开发行，充电卡只可在全国贴有国网标识的 TCU 版本充电桩（TCU 版本充电桩有识别充电卡的读卡器）进行使用，其他运营商充电桩无法使用。充电消费不存在地域区别。

（2）车联网平台系统支持全国范围内跨省开卡、换卡，以及充值、充电、解灰、解锁、挂失、补卡、查询等功能。

（3）充电卡不是一对一的，可以一卡多充，并且可同时最多为五辆车充电。（最多能灰锁 5 次，一张未有灰锁记录的电卡最多可以同时为 5 辆车进行充电，如有灰锁记录 1 次则减去 1 辆，以此类推。）

19. 电动汽车充电卡申请资料

（1）实名充电卡：

1）个人客户：本人身份证或护照原件（港澳台同胞提供来往大陆通行证）。

2）单位客户：加盖公章的营业执照复印件及加盖公章的法人身份证复印件，如为代理人办理，还需提供授权委托书及代理人身份证原件。每人最多可办理 5 张充电卡。

（2）非实名充电卡：无需提供任何证件。每人可办理多张充电卡。

20. 电动汽车充电卡业务规则

开卡不收取押金；首次充值金额不少于 100 元；确认充电卡完好可用（客户更换、退还的充电卡暂不能再次发售）；提供充电卡售卡凭证。

21. 国家电网有限公司为电动汽车车主都可以提供哪些充电服务业务？

主要包含充电桩用电相关的业务咨询、业务受理、故障报修及投诉处理。

22. 发生什么情况充电桩需发起退运？

充电桩由于拆除或改变地址，需要退出运行，并且不再恢复需发起退运流程。

23. 什么情况会派发抢修工单？

有三种情况。发起充电设施巡视（计划巡视、特殊巡视）流程后发现故障、客户 95598 报修发现故障、车联网平台监控发现故障。

24. 充电设施抢修时限要求是什么？

根据客户报修影响范围、故障影响程度等因素，将故障报修业务分为特殊、紧急、一般、计划四个等级。特殊报修需要运维人员现场保障的重要及以上活动，运维人员到达故障点的时限应不超过 10min，完成故障处理时间应不超过 1h；紧急故障时限要求：抢修人员到达故障现场时间城区一般为 45min，高速公路及远郊一般为 90min，特殊偏远地区一般为 2h，故障处理时间一般为 90min；一般故障时限要求：抢修人员到达故障现场时间城区一般为 90min，高速公路及远郊一般为 2h，特殊偏远地区一般为 4h，故障处理时间一般为 180min；计划故障时限要求：可与邻近时间的巡视、检修任务合并处理。

二、费用咨询类

1. 客户申请电动汽车充换电设施用电，是否需要缴纳相关服务费用？

客户充换电设施受电及接入系统工程由客户投资建设，其设计、施工及设备材料供应单位由客户自主选择；在充换电设施用电申请受理、设计审查、装表接电等全过程服务中，不收取任何服务费用，并投资建设因充换电设施接入引起的公共电网改造。对应用覆盖率达到一定规模的居住区，新建低压配网，保证电动汽车充换电设施用电需求。

2. 客户充电桩用电电价是多少？

按照《关于电动汽车用电价格政策有关事项的通知》（发改价格〔2014〕1668

号）规定，对于客户自用的电动汽车充电设施用电，按其装设场所的用电性质来确定价格。即：居民家庭住宅、居民住宅小区执行居民电价的非居民用户（如学校等）中的充电设施，应执行居民合表电价标准（城镇合表用户，不满 1kV）；装设于党政机关、企事业单位和社会公共停车场中的充电设施，应执行一般工商业电价标准。可在网上国网查询代理购电工商业用户电价表。

3. 电动汽车充换电设施用电是否执行峰谷分时电价政策？

非居民用户电动汽车充换电设施用电执行峰谷分时电价政策。鼓励电动汽车在电力系统用电低谷时段充电，提高电力系统利用效率，降低充电成本。峰谷分时电价是指根据电网的负荷变化情况，将每天 24h 划分为尖峰时段、峰时段、平时段、低谷时段，不同时段收费标准不同，政府性基金及附加不参与浮动，鼓励用电客户合理安排用电时间，减少尖峰、峰段时间充电，增加谷段时间充电，削峰填谷，降低用电客户充电成本，提高电力资源的利用效率。对于时段的划分，各省根据用电情况不同划分情况不一。以吉林省内各时段划分为例：高峰时段：9:00～11:30、15:30～21:00，尖峰时段：1—2 月、7—8 月、11—12 月 16:00～18:00，低谷时段：23:00～6:00，平时段段：6:00～9:00、11:30～15:30、21:00～23:00，并对各时段分别制定不同的电价水平，尖平时段电价按市场交易购电价格或电网代理购电平均上网价格执行；高峰时段和低谷时段用电价格在平时段电价基础上分别上下浮动 50%；尖峰时段用电价格在高峰时段电价基础上上浮 20%。

4. 公用充电设施充电结算包含费用

按照《关于电动汽车用电价格政策有关事项的通知》（发改价格〔2014〕1668号）规定，公用充电设施充电结算包含电费及充电服务费两项费用。

（1）电费执行国家规定的电价政策（充电费用按电量计算）。

（2）充电服务费标准上限由省级人民政府价格主管部门或其授权的单位制定，用于弥补充电设施运营成本，充电服务价格由省公司按照当地政府出台的价格政策统一确定。原则上在各地电价的基础上加收人工费，具体标准由各地确定并报当地物价部门备案。

三、软件操作类

1. 在 e 充电 App 可以提供哪些服务？

e 充电 App 为新能源车主提供智能找桩、扫码充电、行程规划、评论互动等服务，更有即插即充、车电服务包等多种服务选择。

2. 如何下载 e 充电 App 客户端？

e 充电 App 支持 iOS 系统和安卓系统，客户可在苹果应用商店、主流安卓应用市场和 e 充电网站下载，或扫描充电桩上二维码下载。

3. e 充电 App 个人用户注册

e 充电账号可登录 App、网站、微信小程序、支付宝小程序、高德小程序、网上国网 – 电动车模块等应用。

个人用户：使用手机号注册 e 充电账号。

企业成员用户：请联系企业管理员进行注册。

操作步骤：

（1）从【首页】、【我的】页面进入登录页，点击【注册】进入注册页。

（2）输入【手机号】，需勾选用户协议和隐私协议。

（3）点击【获取验证码】，并输入 6 位验证码。

（4）验证码校验成功，即可完成注册。后续可进行设置账户密码。

4. e 充电 App 个人用户登录方式

e 充电 App 支持手机快捷登录、密码登录、微信或支付宝授权登录、企业用户登录。

其中：对于微信登录，如注册手机号未绑定微信号，授权登录后，将跳转至绑定手机号的页面，完成绑定后即可登录。

手机快捷登录：推荐使用手机快捷登录（大部分用户使用此登录方式）。输入注册手机号后获取短信验证码，输入验证码后即可登录。未注册用户获取短信验证码后可直接创建 e 充电账号。

5. e 充电 App 实名认证

具体操作路径："我的" – 左上角齿轮"设置" – "个人信息" – "实名认证"。用户输入姓名、身份证号、绑定身份证号的手机号码，并上传身份证正反面后，可提交实名认证。

6. e 充电 App 充电方式

e 充电 App 目前充电方式分为：预付费扫码充电、后付费扫码充电、账号在线方式充电和即插即充方式充电。

其中预付费扫码充电：① 需要用户在启动充电之前选择好预充金额，可以在充电桩点击扫码充电/账号充电后先选择金额，后使用 e 充电软件扫描充电桩显示的二维码后在 e 充电软件端输入支付密码启动充电,启动时系统冻结预充金额，充电结束后账户下无优惠券时，系统自动使用冻结金额结算支付订单；结束充电后账户下有可使用的优惠券时，系统会把订单生成待支付状态，需要用户在 24h 内手动到 e 充电软件订单–待支付页面选择优惠券进行结算支付，超 24h 未操作系统将不使用优惠券自动结算。② 或是用户在充电桩点击扫码充电后直接扫描充电桩显示的二维码，用户使用 e 充电软件扫描二维码后在 e 充电软件上选择预充金额，输入支付密码后启动充电。

账号在线方式充电：需要用户在充电桩点击账号充电后，输入 e 充电注册账号和支付密码，设置预充金额启动充电。

后付费扫码充电：充电枪链接汽车，点击屏幕扫码充电，使用 e 充电软件扫描屏幕二维码，扫描成功直接启动充电。

7. e 充电扫码充电流程是什么？

手机下载安装 e 充电 App，完成注册，存入一定金额。停车——将充电枪插入充电口——点击屏幕选择"e 充电扫码"充电——输入预充金额——生成二维码——打开 e 充电选择充电扫码–扫描生成的二维码——充电起动开始充电——充电完成——在 e 充电"我的订单"中查看验证码——输入验证码结算——拔枪。

8. e 充电 App 不显示电量进度

充电桩分为直流快充桩和交流慢充桩，目前交流慢充桩不推送订单实时充电信息到平台，导致用户查看不到充电进度信息；如果用户反馈使用的是直流充电桩，充电桩正常是可以在订单–进行中页面点击订单信息进入充电详情页面查看实时充电进度信息，但是如用户表示直流充电桩不显示实时充电信息，则可能是充电桩存在离线、网络延迟等其他原因导致的没有推送实时充电数据到平台，用户可以到充电桩查看充电进度，或是耐心等待充电结束。

9. 如何在 e 充电网站上获取电子发票？

实名制充电卡用户可关联 e 充电电子账户后通过 e 充电网站申请开具发票，也在营业网点申请开具发票。增值税电子普通发票在网站上直接下载或在营业厅直接下载打印即可。增值税专用发票由国网电动汽车服务有限公司统一开具并免费邮寄。

10. 网上国网是否可以维护新能源车信息并实时提示就近充电桩信息？

客户无需在网上国网录入车辆信息，在网上国网首页—电动车—热点功能—找桩充电菜单里，点击充电点图标系统会显示该充电站的详细信息，另"详情"按钮的右边还有"车位""点评"两个按钮。点击"车位"按钮，系统会跳转到该站点车位的详细信息页面，车位信息页面会显示该站点所有车位的当前状态、充电桩编号、接口类型、额定功率、电压、车辆电量信息、实时电流、电压等信息。由用户自己判断选择。

四、设备操作类

1. 使用充电桩为电动汽车充电时安全注意事项有哪些?

使用充电桩为电动汽车充电时，应按照充电桩提示进行操作，需重点做好以下几点安全注意事项:

（1）在充电枪连接车辆前，应确定充电接口内没有积水。

（2）充电过程中不要强行拔下充电枪，必须在充电结束后方能拔下。

（3）充电过程中出现突发或紧急情况，应立即按下充电桩上的急停按钮停止充电。

2. 使用 e 充电 App 扫码充电，如何确定电动汽车充电已完成?

当电动汽车充电完成时，手机 App 会发送消息，提醒客户充电已完成;在充电桩显示屏上，也会显示"充电完成"字样，此时客户可拔出充电枪，结束充电操作。

3. 电动汽车充电卡充电的操作流程

（1）连接电动汽车与充电桩:将充电线电源侧插入充电桩，车辆侧插入电动汽车。

（2）选择充电方式:在充电桩上选择国网充电卡。

（3）输入金额与密码:先选择预充金额，金额范围为 0.5～400 元;随后输入密码，非实名制充电卡无需输入密码;最后点击确定。

（4）刷卡启动充电:在充电桩刷卡区刷卡启动充电，读卡过程将持续一段时间，请勿拿开卡片;待充电桩屏幕上显示刷卡成功后，方可拿开卡片，充电将于一段时间内启动;若用户操作不当，屏幕上将显示刷卡失败的信息，请点击返回并重试;若用户的充电卡密码输入错误，屏幕将提示密码错误的信息，请点击返回并重新输入;一张充电卡有三次输错密码的机会，若超过三次，充电卡将被锁定，请用户至营业厅解锁;若因为充电桩故障等原因导致无法启动充电，屏幕将显示充电启动失败的信息，请点击返还未消费金额以退回充电预付款。刷卡充电是先冻结钱，预充金额大于卡内余额不允许充电。所以充电过程中没有余额不足的情况。

（5）充电中:充电启动后，屏幕上将显示充电中的各类信息，包括充电监控、费用信息、设备信息和电池信息等，用户可点击屏幕以切换查看。屏幕右侧将实时显示本次充电时长和车辆 SOC 信息。充电可按预充金额自动完成，用

户也可提前停止充电。若用户想停止充电，请点击屏幕右下方的半圆形按钮。

（6）停止充电：屏幕将显示充电完成的信息，以及本次充电电量、费用、时长及卡号信息。若充电自动完成，请点击结算。若用户主动停止充电，请点击返还未消费金额。若充电过程中遇到充电桩故障或拔枪操作导致充电中止，屏幕将显示服务暂停的信息，以及本次充电电量、费用、时长及卡号信息、故障代码等。请点击返还未消费金额。

（7）刷卡结算：当屏幕显示刷卡提示后，请再次刷卡以进行结算，结算将在 120s 内完成，请勿拿开卡片。待屏幕上显示充电停机中，请勿拔枪，耐心等待。若充电桩故障或刷卡操作不当导致结算失败，屏幕将显示结算失败，请点击返回并重新操作。

（8）充电完成：当结算完成，屏幕上将显示本次充电详情，包括充电电量、金额、时长和充电卡余额。请将充电枪放回充电桩。

4. 为什么我的电动车无法在国家电网有限公司充电桩上充电？

首先您需要确认车是否满足电动汽车国家有关标准。国家电网公司充电桩均是以 2015 年国家标准，只要符合国家标准的电动汽车均可充电。一般问题在于充电桩与车辆的通信协议。建议咨询车辆厂家是否符合国标 2015 版。

公用充电设施与车辆型号不兼容无法识别原因：

（1）技术原因，如接口不兼容、控制时序不兼容、协议不兼容等。

（2）管理原因：为了兼顾新老国标车型，不能一次性对充电桩进行全部改造，只能稳步推进充电桩的国标改造工作；互联互通推广力度不足。

5. 国家电网有限公司的充电桩能否够为电动自行车充电？

您好，国家电网有限公司的充电桩目前不能支持电动自行车充电，只能为电动汽车进行充电，就是为悬挂绿色车牌的车辆提供充电服务的。电动自行车需要到对应的交流充电接口上进行充电。

6. 电动汽车充电过程中要停止充电，如何操作？

如果使用 e 充电 App 扫码充电，想提前结束充电，可滑动 e 充电中页面"滑动即可结束充电"滑块结束充电，也点击充电桩充电界面上的"停止充电"按钮，在桩屏幕上输入 e 充电中页面的 6 位验证码，在桩端输入后即可结束充电。

7. 客户反映充电过程中遭遇充电桩损坏，或充电时系统显示扣费却充不上电，如何处理？

（1）客户应停止在当前故障充电桩上的充电。

（2）客户可拨打供电服务电话 95598 进行故障报修。如客户采用的是有卡

充电方式，报修时应提供卡号及联系方式；如客户采用的是无卡充电方式（二维码，验证码、账号），报修时应提供相应信息（二维码信息，验证码号、具体账号）和手机号码。

（3）客户可选择充电站内的其他正常充电桩进行缴费、充电。

8. 如遇雷电、大雨等恶劣天气，电动汽车能进行充电吗？

国内充电桩执行防水防尘防护等级为 IP54，一般雨雪天气不影响使用。如遇雷电、大雨等恶劣天气，电动汽车是可以充电的。但是为保证充电人员和设备的安全，建议先不要充电，等大雨天气过后再进行充电。充电时因空气湿度大，宜将充电机先接通电源，待机工作一段时间后再开始对电动汽车充电。

9. 什么情况下充电桩才会停运？

极端天气、设备故障无法运行、充电设施计划检修、充电设施升级改造、外部线路检修改造、充电站场地封闭改造、充电设施布局优化迁址。

五、知识资讯类

1. 电动汽车发展意义

电动汽车作为一种新型交通工具，在缓解能源危机、促进环境与人类和谐发展等方面具有不可比拟的优势，是推进交通发展模式转变的有效载体。全面加快电动汽车充电设施建设，不仅是建设坚强智能电网的重要内容，更是国家电网公司落实科学发展观，展示责任央企形象的战略举措，是响应国家节能减排政策，支持电动汽车发展的实际行动，是实现能源替代，优化能源结构，提高电能占终端能源消费比重的有效手段。

2. 电动汽车优势

纯电动汽车零排放、噪声小；使用成本低廉，只有汽油车的五分之一左右；能量转换效率高；可回收制动、下坡时的能量，提高能量的利用效率；可在夜间利用电网的廉价"谷电"进行充电，起到平抑电网的峰谷差作用；良好的牵引特性；稳定的车速控制。

3. 电动汽车充电特点是什么？

电动汽车充电方式主要分为交流充电、直流充电和电池更换三种。交流充电指通过交流充电桩为带有车载充电机的电动汽车提供交流电能，由车载充电机实现交直流变换，为车载动力电池充电。直流充电指通过非车载充电机将交流电变换为直流电能，为电动汽车车载动力电池充电。电池更换是通过直接用充满电的电池组更换车辆上能量已经耗尽的电池组来达到为电动汽车"充电"

的目的。该模式可使动力电池在较短的时间得到更换，具有快捷、方便的优点，可以满足用户使用电动汽车像使用燃油汽车一样的续航里程和便捷性要求。

4. 电动汽车类型

电动汽车分为纯电动汽车（BEV）、混合动力汽车（HEV）、燃料电池电动汽车（FCEV）、外接充电式混合动力汽车（PHEV）。

（1）纯电动汽车（BEV）：完全由蓄电池提供动力的汽车，它以车载可充电电池作为储能方式，用电动机来驱动车辆的行驶。（纯电动车的类型可查看北京市经济信息化委汽车与交通设备产业处公布的消息。）

（2）混合动力汽车（HEV）：指装有两种或两种以上的动力源的汽车，当前混合动力汽车一般是指用内燃机车和电动机驱动的混合动力汽车。

（3）燃料电池电动汽车（FCEV）：采用燃料电池作为动力源的电动汽车。

（4）外接充电式混合动力汽车（PHEV）：以电力驱动，同时搭配汽油或柴油内燃机引擎，并可外接电源对汽车进行充电的汽车。

5. 目前市面上纯电动汽车的基本构成、工作原理及主要优点有哪些？

纯电动汽车的结构及原理除了驱动系统和控制系统以外，与传统的燃油汽车并没有本质的区别。总体来说，纯电动汽车由底盘、车身、蓄电池组、电动机、控制器和辅助设施六个部分组成。由于电动机具有良好的牵引特性，因此蓄电池电动汽车的传动系统不需要离合器和变速器。车速控制由控制器通过调速系统改变电动机的转速即可实现。纯电动汽车的结构灵活，省去了油箱、发动机、变速器、冷却系统和排气系统等，相比传统汽车的内燃汽油发动机动力系统，制造和维护成本更低。纯电动汽车的动力源本身不排放污染大气的有害气体；可以实现削峰填谷，利用晚间用电低谷时的富余电力充电，大大提高共经济效益，纯电动汽车能源利用效率更高，噪声更低，易于操作。

6. 目前电动汽车所用锂离子电池的主要结构和充放电原理？

目前应用于新能源汽车的锂离子电池主要有磷酸铁锂电池和三元锂离子电池。锂离子电池的主要结构包括正极材料、负极材料、隔膜以及电解质几个部分。充电过程是锂离子从正极材料中脱出，通过电解液扩散至负极材料并嵌入负极材料层间，相应的，电子从外电路由正极（氧化反应）流向负极（还原反应）以保持整个系统的电中性。放电过程与充电相反，锂离子从负极材料中脱出，通过电解液扩散至正极材料并嵌入正极材料结构中，相应的，电子从外电路由负极（氧化反应）流向正极（还原反应）以保持整个系统的电中性。

7. 充电桩分哪几类?

常规的充电桩分为交流充电桩和直流充电桩。

(1) 常用交流充电桩可分为立式(一桩一充式、一桩双充式)和壁挂式。

立式充电桩分为一桩一充式和一桩双充式,一桩一充式交流充电桩只提供一个充电接口,适用于车辆密度不高的室内和路边停车位;一桩双充交流充电桩提供两个充电接口,可同时为两辆车充电,适用于停车密度较高的停车场所。

壁挂式交流充电桩只提供一个充电接口,适用于地面空间拥挤、周边有墙壁等固定建筑物的场所,例如地下停车场。

(2) 直流充电桩分为一体式直流充电桩、分体式直流充电桩、群控充电桩、大功率液冷充电桩。国网的直流桩功率有 60kW 和 120kW 两种。最大电流可以达到这么高,实际充电电流是车辆自身需求来随时变化的,车辆的电池有一个自我保护,它不需要那么大电流的时候就会自动降流。

8. 电动汽车无线充电技术基本原理和无线充电方式是什么?

电动汽车无线充电不需要用电缆将车辆与供电系统连接,在发射端将电能转换成电磁波并发射出去,在接收端接收到电磁波之后,再将其转换成电能对电动汽车动力电池进行供电。目前来说,无线充电主要有电磁感应式、微波传输式、磁场共振式及电场耦合式四种不同实现方式。

9. 电动汽车快充与慢充区别

快速充电又称为应急补电,是利用地面直流充电机以较大直流电流在 20min~1h 内,通过充电接口为电动汽车提供短时补电服务。一般充电电压高,充电电流大,较短时间内就能满足电动车充电需求,但成本较高,占地面积也比较大。

慢速充电,是利用交流充电桩通过车载充电机以较小电流为电动汽车动力电池进行充电,充电时间较长,目前续驶里程为 200km 左右的纯电动汽车充满电一般为 8h 左右。

(1) 概念区别:快充和慢充是相对概念,一般快充为大功率直流充电,0.5h 可以充满电池 80% 容量,价格相对较高。慢充指交流充电,充电过程需 6~8h,价格相对较低。

(2) 接口区别:快充和慢充接口最明显的区别就是快充的要更粗一些,快充接口为九个触点,慢充为七个触点。

(3) 电压范围:直流桩的电压范围为 300~750V,交流桩的电压为 220V,

具体充电桩电压需通过 e 充电查看。

10. 如何区分自己的车辆符合哪种充电方式？

您需要确认车辆是否支持交流或直流快充接口。通常交流桩充电时长较长，而直流充电较快。

11. 电动汽车充电卡区别

电动车充电卡包括实名充电卡和非实名充电卡两类。

（1）实名充电卡：具有充值、充电、解灰、解锁、挂失、补卡、换卡、销卡退费、可设置密码、查询功能，可反复充值，不能透支，不计利息，卡内余额不能超过 5000 元。目前 15 开头的实名制卡可以和 e 充电关联，需要客户的充电卡和 e 充电注册的时候是同一个姓名，同一个身份证号，在开卡后自动关联，不需要客户进行操作。目前电卡只能去营业厅充值，e 充电 App 电子钱包余额也可去营业厅圈存到电卡中进行消费。

（2）非实名充电卡：不可换卡、挂失、销卡退费、更改密码，卡内余额不能超过 1000 元，非实名充电卡可在营业厅转换为实名卡。其余功能和实名充电卡一致。如果卡片丢失或密码遗忘，将不可找回。非实名充电卡可转换为实名卡。

12. 直流充电桩分类

国网充电桩按照功率可分为：60（80）kW、120（160）kW、240kW 和 480kW，共 4 种不同类型的充电机；最大电流是根据充电枪的不同型号，如配置 250A 规格的充电枪，最大充电电流上限为 250A；如配置 125A 规格的充电枪，最大充电电流上限为 125A。充电电流主要是由车辆 BMS 需求电流和充电机输出能力共同决定的，当充电机可输出的最大电流大于车辆需求电流时，按照车辆需求电流值输出；当充电机可输出的最大电流小于车辆需求电流时，按照充电机可输出的最大电流输出。

13. 充电桩都有哪些运行状态？

一般而言，充电设施有充电、待机、离线及故障状态，详细说明如下：

（1）充电状态。充电设施正在运行，输出功率、充电状态下，充电指示灯闪亮。

（2）待机状态。充电设施处于待机状态，与控制后台连接稳定，可以随时通过三种充电方式起动充电桩。待机状态下，电源指示灯常亮。

（3）离线状态。充电设施与控制后台连接断开，但可以通过线下方式（刷电动汽车充电卡）起动充电桩。

（4）故障状态。充电设施由于各种原因发生故障而无法起动。故障状态下

故障指示灯亮。

14. V2G 技术概念

电动汽车与电网的互动技术，即 Vehicle to Grid（V2G）技术。与传统电动汽车技术只能实现电池的单向充电不同，V2G 技术使电动汽车的电池具备了向电网进行放电的能力。车网互动分为三个阶段：V0G，V1G，V2G。

其中第一个阶段为 V0G，当电动汽车插上充电枪后，即开始实时充电；第二个阶段为 V1G，即有序充电。电动汽车会根据电网的状态通过调整充电的时间和功率避开电网的用电高峰。一方面缓解电网的用电压力，另一方面利用谷时电价便宜给车主带来经济上的实惠；

第三个阶段即 V2G，在有序充电的基础上，电动汽车还具备了放电的能力。这样，电动汽车就能根据电网和用户的需求，有序地进行车辆的充电和放电。

15. 普通充电桩与 V2G 充电桩的区别

（1）普通的充电桩，不管是直流或是交流的，都是单向的，只能实现电动汽车的充电过程。

（2）V2G 充电桩的内部集成了双向模块，可以实现电动汽车充放电的双向操作。因此具有 V2G 功能的充电桩也是有别于普通电动汽车充电桩的。普通新能源汽车可以在 V2G 的充电桩上进行充电。

第二节　充电桩建设服务问题典型案例

案例 1：车库电桩难安装　主动作为终接入

【案例提要】

供电公司主动服务充电桩接入问题，帮助客户协调解决安装过程中面临的难题，最终高效解决充电桩通电问题。

【事件过程】

2022 年 5 月，位于某小区客户王女士购买红旗电动汽车后，打算在自家车位上安装充电桩，于是向供电公司提交充电桩用电申请。供电公司客户经理勘查发现客户现场没有供电公司产权电源，不具备充电桩安装条件。虽然该问题非供电公司责任和业务范围，但见到王女士购车后因无法及时充电，车辆荒废

在家，且经供电公司调查，该小区还有七八个客户也都存在着有车无桩充电的
"刚性需求"，供电公司及时与小区物业取得联系，积极协调通电问题，经双方
协商，由小区物业提供场地，由供电公司出资在小区停车位指定位置建设公配
变台，以满足该小区客户用电需求。最终，供电公司仅用 4 天时间为王女士完
成了业扩报装全部工作流程。

为了更好地解决该地区充电桩接入困难问题，积极落实国家发展战略，加
快充换电设施建设运营，供电公司积极主动与政府部门对接，研究困难问题解
决方案，获得当地主管部门的大力支持，并建立政企协调机制，定期召开工作
沟通会，搜集电动汽车业务需求，及时沟通、协商相关问题，为属地电动汽车
发展提供配套支持。

供电公司加快内部工作协同，提高工作效率，优化用电业务流程，开辟绿
色通道，主动为有意购买电动汽车的客户提供用电咨询服务，确保配网建设、
供电服务等工作高效推进。

【取得效果】

（1）供电公司主动作为，积极协调，及时为客户安装充电桩，使客户电动
汽车能够及时正常使用。

（2）供电公司积极主动与政府部门对接并促成建立相关沟通协调机制，为
当地电动汽车充换电业务的不断拓展营造了良好环境。

案例 2：电桩故障盼抢修　检修人员慢悠悠

【案例提要】

充电桩故障导致电动汽车无法充电，抢修人员未按时到场，导致客户投诉。

【事件过程】

十一国庆节期间，客户张先生全家自驾新购的电动汽车出行旅游行至某省
高速公路服务区充电站，张先生准备给电动汽车充电，却发现充电桩显示设备
故障，李先生随即拨打充电桩上张贴的报修电话。但由于高速公路服务区充电
站距离较远，加上节假日交通不畅，报修 2h 后，检修人员仍未能到达现场，也
未与客户电话联系解释，张先生愤怒地拨打了 95598 投诉。

【造成影响】

充电桩故障导致客户在高速公路服务区充电站无法正常充电，耽误了客户
行程；检修人员未在规定时间内到达现场，使客户产生不满情绪引发投诉。

【应急处理】

检修人员抵达现场后，核实故障原因为主回路铜排螺丝松动，当即主动向客户道歉，解释迟到原因并及时排除故障。

【违规条款】本事件违反了《国家电网有限公司 95598 客户服务业务管理办法》[国网（营销/4）272—2022]："充电设施故障抢修人员到达故障现场时限应符合：紧急故障抢修人员到达故障现场时间城区一般为 45min，高速公路及远郊一般为 90min，特殊偏远地区一般为 2h，故障处理时间一般为 90min；一般故障抢修人员到达故障现场时间城区一般为 90min，高速公路及远郊一般为 2h，特殊偏远地区一般为 4h，故障处理时间一般为 180min"的规定。

【暴露问题】

（1）相关单位优质服务意识不强，对充电设施的日常巡视检修不到位。

（2）国庆节等节假日期间的抢修服务工作没有提前考虑应急措施，未能在规定时限内到达高速公路服务区充电站，影响客户出行并引起客户不满。

（3）抢修人员服务意识不强，在因故不能及时到达抢修现场的情况下没有及时与客户有效沟通，未能做好解释工作。

案例 3：充电点搬迁未维护　客户充电找不到

【案例提要】

充电桩搬迁后在 e 充电 App 上未及时维护变更信息，导致电动汽车无法充电，引发客户投诉。

【事件过程】

客户王先生全家自驾电动汽车出行旅游，由于高速公路服务区充电桩维修原因，导致车辆电量不足，故王先生在 e 充电 App 查询距离高速公路出口最近的充电桩并随即前往充电。王先生下高速后，按照 e 充电 App 中的地图指引并未找到充电桩，此时车辆电量已经快耗尽，于是拨打 95598 电话咨询，得到的答复是王先生查询到的充电桩地址无误且正常可以充电。王先生在该地点周围一直查找到车辆没电也没找到该充电桩，客户非常不满，进行了投诉。后经核实，客户在 e 充电 App 上查询的充电桩已经迁移，但由于工作疏忽，未及时更新 e 充电 App 上充电桩位置，且未向 95598 知识库报备。

【造成影响】

充电桩迁移未及时更新信息导致客户无法正常充电，耽误了客户行程，使客户产生不满情绪引发投诉，严重影响企业形象。

【应急处理】

工作人员达到现场后，及时向客户赔礼道歉，并使用拖车将客户车辆拖至新充电点，并就因此给客户带来的经济损失进行了赔偿，随后及时更新了 e 充电 App 上充电桩的信息，向 95598 知识库报备。

【违规条款】

本事件违反了：《国家电网有限公司 95598 知识管理规范》第三条的规定："95598 知识管理应遵循'统一管理、分级负责、及时更新、持续改善'的原则"。

【暴露问题】

（1）工作人员责任心不强，服务意识不到位，未意识到应及时公告充电桩位置变更的重要性。

（2）责任单位的知识库运维人员对 95598 知识库管理系统重视程度不够，已变更的信息未及时、主动提交至国网客户服务中心。